孤独症学生
融合学校环境创设与教学规划

〔美〕
罗恩·利夫(Ron Leaf)
米切尔·陶布曼(Mitchell Taubman) ◎著
约翰·麦克伊钦(John McEachin)

张雪琴 ◎译

其他贡献作者：
马琳·德里斯科尔（Marlene Driscoll）
艾丽西亚·埃利斯（Alicia Ellis）
克雷格·肯尼迪（Craig Kennedy）
马杜比（Toby Mountjoy）
特雷瑟·帕克（Tracee Parker）
利蒂西娅·帕洛斯－拉富斯（Leticia Palos-Rafuse）
乔恩·拉富斯（Jon Rafuse）
里克·施罗德（Rick Schroeder）
珍妮弗·斯泰曾斯（Jennifer Styzens）
安德烈亚·瓦克斯（Andrea Waks）
塔米·怀特（Tammy White）

华夏出版社
HUAXIA PUBLISHING HOUSE

"我们期望优质的学校教育规划可以让学生取得有意义的进步。罗恩·利夫、米切尔·陶布曼和约翰·麦克伊钦用必要的行动证明这种期望是可以实现的。《孤独症学生融合学校环境创设与教学规划》重点讨论了创建和维护孤独症儿童在校 ABA 项目的重要价值。它考虑了一个综合性项目所应包括的所有要素,每一个要素都能落到实处,有望促进学生的最大发展。参与项目的各方首先必须统一信念,相信每一个儿童都能进步,而有些学生的进步往往要靠优质的 ABA 项目实现。学区的任务则在于提纲挈领,排忧解难,期待我们的学生能取得最好的成果。"

——查琳·格林(Charlene Green)
美国内华达州拉斯维加斯克拉克县学区学生支持服务副主管

"在特殊教育的法律实践中,我与全国各地的学区建立了广泛的合作,与业内顶级专家一起解决了孤独症谱系障碍学生教育规划相关的各种问题。因为这样的经历,我觉得《孤独症学生融合学校环境创设与教学规划》这本书的内容综合性极强,可以为教育者做好孤独症儿童的教育规划提供参考。此外,它也是给法律执业者的一份极佳的指南,帮助他们理解应用行为分析(ABA)的原则以及如何利用这些原则开发符合《残疾人教育法》(IDEA)规定的在校项目。这本小书在资料搜集和写作方面都极具水准,可以给教育者、法律执业者和孤独症儿童家长提供宝贵的指导,让大家对这一独特儿童群体的教育规划有更好的理解。"

——查尔斯·韦瑟利(Charles Weatherly)
韦瑟利律师事务所

献给此生给了我最大鼓舞和影响的我最重要的老师们——
爸爸、妈妈、贾斯廷、杰里米、科尔、杰米。

——罗恩

致蒙特·沃尔夫，你是我有幸认识的最有才华、最正派、最鼓舞人心的人。
致蒂法妮、惠特妮，你们是我的生命。

——米切尔

献给我引以为傲的学生安德鲁、尼克和肖恩。

——约翰

前　言

几十年来，"孤独症伙伴（Autism Partnership）"一直致力于帮助孤独症孩子在学校环境中取得进步。这本书旨在帮助更多专业人士了解如何在普通学校环境中成功创建ABA教室，其中包括如何评估学生的行为问题，如何获取有效的数据，以及明确什么是好教室和好老师的核心。此外，本书中还包括为学校和课堂所提供的咨询建议，帮助ABA教室的实践者与学校员工建立良好的合作关系，并为学校员工提供课程内容。我们希望这本书能够帮助教师在"孤独症伙伴"所提供方法的基础上来构建高质量的课堂。

（理学硕士、认证行为分析师）
"孤独症伙伴"董事
http://www.autismpartnership.com.hk/

序

这本书终于出版了。它明确了学校这一优质环境对于孤独症谱系障碍（ASD）学生的好处。它谈到了如何创建ABA教室，如何开展综合培训、咨询、评估以及一对一和集体教学。它也从学区层面讨论了服务质量的问题，从主管到教师，到校车司机，确保环环相扣、紧密联系，为每一位孩子提供结构化的在校体验。

本书还谈到如何确定最佳的教育安置方式以及如何充分发挥该安置的优势。它提出要提高人们对在教室中使用ABA的接受度，也讨论了进行评估、咨询和对所有员工进行持续培训的必要性。它通过咨询须知和咨询入门指南阐明了学校员工与咨询之间的关系。此外，它还重点讨论了数据记录和测量的问题，也强调要重视行为评估的功能性。

本书可以帮助每一间接纳孤独症儿童的融合教室提升质量，也是我们给家长、老师和专业人士的推荐读物之一。

罗恩、米切尔、约翰

（Ron、Mitchell and John）

目　录

引　言 ·· 1

第一章　学校环境的优势
　　自然的学习环境 ·· 1
　　社交机会 ··· 2
　　观察学习 ··· 3
　　集体教学 ··· 4
　　泛化 ··· 6

第二章　为孤独症学生创建 ABA 教室
　　第一部分：员工技能培养模式 ·· 8
　　第二部分：ABA 教室创建模式 ··· 11

第三章　好学区的标准
　　统一的理论取向 ··· 22
　　早期的持续培训和督导 ·· 24
　　统一战线：从校车司机到主管人员 ·· 25
　　外展服务 ·· 26
　　协作 ·· 26
　　组织有序 ·· 27
　　组织须知 ·· 28

第四章　好课堂的标准

强化的使用 ··· 29

系统的行为方案 ··· 33

持续教学 ·· 34

综合规划 ·· 34

自然干预 ·· 35

好课堂的其他指标 ·· 36

第五章　好老师的标准

善于接受 ·· 37

有系统 ··· 38

适应性强 ·· 38

客观 ·· 39

有趣 ·· 39

专业 ·· 40

平衡 ·· 41

第六章　确定最佳的安置方式并发挥其作用

教师 ·· 43

行政管理层 ··· 45

家长 ·· 46

第七章　什么是咨询，我们怎样做咨询

以往的与 ABA 接触的经历 ··· 48

与 ABA "专家" 的接触史 ·· 48

妥协与坚定 ··· 50

建立咨询关系的 "十诫" ·· 51

第八章　咨询入门 ABC

首次咨询 ·· 60

有效沟通准则···66
　　　第二次咨询···67
　　　第三次咨询···74
　　　末次咨询···76
　　　强化···78
　　　行为策略···81
　　　"学会学习"···86
　　　回合尝试教学（DTT）···87
　　　实用而有意义的课程···89

第九章　数据要成为你的朋友！
　　　ABA 与测量（measurement）···93

第十章　功能性行为评估：一种新方法
　　　引言··102
　　　术语··102
　　　传统功能性行为评估方法介绍和比较··103
　　　一种替代性方法的基础··108
　　　结论··112

附录 A：ABA 人员培训课程内容
　　　培训大纲··115
　　　一、概述：ABA 与孤独症··115
　　　二、教室环境··117
　　　三、课程··124
　　　四、ABA 教学··131
　　　五、强化··139
　　　六、行为训练··151
　　　七、数据··156
　　　八、教室团队、职业精神及沟通联络··162

附录 B：教室检核表

    教室辅助检核表 ··· 172

    教室检核表 ··· 176

附录 C：回合尝试教学

    一、简介 ··· 181

    二、回合的构成 ·· 182

作者简介 ·· 193

引 言

关于如何开发恰当的孤独症儿童教育项目,本书作者既抓本质,也讲细节。他们搭建起框架基础,带我们起步理解并实施孤独症儿童教育项目。不仅如此,孤独症儿童教育是特殊教育主管工作的最大难点之一,如何给儿童提供真正经过设计的教育方案,如何有效提供免费又恰当的教育项目,都是需要解决的问题。在利夫博士等人的引领下,所有相关人员,从特殊教育主管、学校负责人、班级教师、专业辅助人员、直接服务人员、辅助服务人员到家长,都将对孤独症有更好的理解。

本书是教育工作者和家长的一本必读之书。循着书中的路径前进,学区[①]就有可能打造并保持理念清晰、卓有成效的教育项目。作为出资机构,学区必须认识到持续进行培训和能力培养的重要性。学区若能遵照书中的方案行动,就可以满足美国《残疾人教育促进法(2004年)》(*Individuals with Disabilities Education Improvement Act of 2004, IDEIA 2004*)中的规定,即儿童个别化教育计划(Individual Education Plan, IEP)中所有特殊教育项目及相关辅助服务都必须"经同行评议为可行"。

作为田纳西州诺克斯维尔诺克斯县学区曾经的学生人事主管,本人有幸与利夫博士及其机构共事,在这个下辖55000名学生的学区实施孤独症儿童教育项目。如今我们依然保持合作,利夫博士和他的员工每年都会给学区员工提供3~4次的持续培训。我们依照书中的方案发展我们的项目,事实证明,这些项目方案不仅在法律上无懈可击,而且如利夫博士所言,对儿童来说也堪称"恰当"。

孤独症儿童教育是教育者要面对的一个难题。首先,孤独症定义宽泛,障碍程度不一;其次,孤独症儿童家长对于教育方法各有坚持;再者,教育服务多样化,从完全融合到一对一教学,服务费用和密集程度千差万别;此外,孤独症儿童的诊断率也

---

① 编注:美国的学区(School Districts)是各州辖内的基本教育行政机构,拥有独立的财政权、人事权和教育行政管理权。与国内的"学区"有不小的差别。

在迅速增长，这种增长有时甚至呈几何级数。1996年，我们学区共有32名确诊的孤独症儿童。2007年，这一数字已经超过475人。

面对重重困难，学区很容易胡乱抓瞎，什么方法都用，甚至"多管齐下"，希望让尽可能多的家长和教育者满意。但一个学区必须明确自己的教育理念，而不是随波逐流，简单追求面面俱到、皆大欢喜。一个学区也应该发展自己的特殊教育，使之不孤立于普通教育之外。它必须想办法解决儿童成长中的泛化问题，培养他们适应社会的独立性，更好地开启他们的成年生活。

我强烈建议所有学区都把此文本当作工作文本来用，在它的指导下开发、实施并维护好学区的孤独症儿童教育项目。经由它的引导，学区将提升教育管理能力，员工恪尽职守，为儿童提供高度有效的教育项目。就个人而言，我一定会把从这个文本中掌握的信息和从利夫博士及其员工处取得的经验运用到我目前所从事的学区咨询工作中去。

约翰·麦库克博士（Dr. John McCook）
美国田纳西州诺克斯维尔诺克斯县学区学生人事主管

第一章

学校环境的优势[1]

应用行为分析（Applied Behavior Analysis, ABA）的极端支持者往往拒绝承认孤独症谱系障碍儿童可以在学校环境中学习。一个常见的误解是，孤独症儿童只有在一对一的教学环境下才能有效学习，因此学校并不适合他们。但是，如果学校有系统化的课程设计，老师又训练有素，那么让孩子在学校学习是有很多好处的。加州大学洛杉矶分校"幼儿孤独症项目（Young Autism Project）"研究将学校定位成可以让儿童以更加自然的方式学习的场所。儿童参与圆圈时间、美术中心和操场的活动被认为是干预的重要组成部分。我们深知一对一干预的重要性，但也同样将集体学习看作干预的重要部分。本章将讨论孤独症儿童在学校上学的一些潜在好处。

自然的学习环境

在我们的文化里，儿童在五岁左右（或者更早）开始进入比较正式的教学环境中学习，这是成长中很自然的一步。这个年龄的孩子大多已经能够适应集体教学并从中受益，从而在很多重要领域获得成长。在学校，除了社交、语言和游戏技能，儿童也开始接触学业技能。对幼儿来说，幼儿园提供了一个比较正式的学习环境，让他们为将来的在校学习积蓄优势。与家庭一样，学校说到底不过是一个学习的环境，但它能提供家庭中没有的某些机会。这些别样的经验对于发展学习准备技能（比如，学会在集体中学习、与同伴互动、合作游戏和完成作业以及理解学校规则与常规）至关重要。

在幼儿孤独症项目中接受干预并取得"最佳效果"的孩子就是这样，至少在一定

---

[1] 本章作者：罗恩·利夫、马杜比（Toby Mountjoy）。

程度上是这样，因为他们能够适应学校安置，能够在其中好好学习。能在"普通班"有效学习需要用到很多技能，这些技能是一对一训练教不出来的。想让孩子从普通教室环境（对儿童来说最自然的学习环境）中受益，我们可以在学校环境中对他们进行系统化的干预，让他们学会那些日后会用到的重要技能。

社交机会

学校提供了培养社交技能、发展友谊的绝佳机会（Kamps, Leonard, Vernon, Dugan, et al., 1992; Kamps, Walker, Maher & Rotholz, 1992; Kalyva & Avarmidis, 2005）。孩子身边时刻围绕着一群同学。无须另外招募，他们就是现成的资源！从这群同学中，我们可以找到那些特别愿意与孩子交往互动的人，也确认我们的孩子更容易被哪种类型的同伴所吸引（Jones & Schwartz, 2004）。就算孩子和某一个同伴"交恶"，也有其他人可以选择（Leaf, Taubman, Bloomfield, Palos-Rafuse, McEachin, 2005）。学校也给家长提供了相互认识的机会，便于他们在课外安排孩子结伴玩耍。家长不应该错过这样的机会。

要抓住一天里出现的所有社交机会。课间、游戏和午餐时间自然是培养社交技能的理想时机。但除此以外，从孩子下车到校再到上车回家这段时间，每一刻都有可能是教学的好时机。如果孩子做手工需要用胶水，而胶水恰好在另一个孩子手里，他就需要通过社交沟通满足自己的需要。圆圈时间、如厕和零食时间也都是促进社交、训练沟通和行为控制等技能的好时机。

学校是培养分享、合作、让步、协商等技能的绝佳公共平台。在学校，我们可以设置个别化的、小组的或大组的教学场景教授社交课程。根据孩子的能力和需要水平，我们可以安排平行式、联合式或合作式的游戏活动，训练相应的技能。我们还可以将提高社交耐受性、培养参与互动甚至主动发起互动的技能训练贯穿于全天之中。例如，孩子每次主动对同伴发表意见的时候，都可以获得积分或贴纸奖励；当他对同伴的要求有所反应的时候，都会得到强化（Barrish, Saunders & Wolf, 1969）。此外，我们还可以在学校里有系统地培养更高级的社交技能，包括提高他人意识、理解他人好恶、轮流以及最终明白：如果我愿意与伙伴一起做他想做的事，他也会更愿意与我一起做我想做的事。

观察学习

孤独症孩子一个最大的技能缺陷可能要数他们的观察学习能力了（Varni, Lovaas, Koegel, Everett, 1979）。也就是说，他们往往不能以自然的方式从环境中（比如观察他人、看电视、听别人谈话等）获取信息。这可能是由多种因素共同导致的。首先，这是孤独症的一个典型特征。与同龄的普通儿童相比，谱系儿童对周遭世界的意识一般不强，也很少与外界互动。他们对环境中正在发生的事往往缺乏兴趣，也不会自然地被他人所吸引。而且，大部分儿童缺乏观察学习所必需的注意能力。因此，通过自然观察获取信息对他们来说几乎是不可能的。

正是这种间接学习能力的欠缺让一对一干预成效显著。有针对性的直接教学让儿童很难予以忽视，但无限期地延续一对一教学也绝非良策，因为这种学习方式的效能很低。这不仅是指经济方面。由于孤独症孩子很难从自然环境中提取大量的关键信息，他们需要学习的概念简直成千上万！若全都需要直接教学，根本没那么多时间。普通儿童掌握的大部分信息是通过观察学习间接获得的。通过好奇的观察，他们在不断学习新的技能。这种学习状态可以保持一整天，无论身边有没有老师。孤独症儿童也需要这种从起床到就寝、全天在线的学习状态。要实现这一目标，单靠直接教学是不够的，我们还必须让他们学会观察学习。

那些在"幼儿孤独症项目"中接受干预、取得"最佳效果"的孩子，无须治疗师逐一教授概念、词语或游戏技能，因为他们通过系统化的教学掌握了更好的观察技能，学会了独立学习。什么都教肯定是不现实的。为了取得最佳效果、缩小与同伴的差距，孩子必须开始从周围的人和事中学习，而不是单靠直接教学逐个逐项地学习生词、概念和技能。

遗憾的是，我们并未足够重视观察学习技能的教授。更有甚者，专业人士和家长还常受误导，相信孤独症孩子没有观察学习的能力。结果，大家只提供直接教学。事实上，经过系统化的教学，孤独症孩子完全可以成为观察学习者。我们认为，观察学习是孤独症孩子可以掌握的最重要的技能之一。因此，我们格外重视，从干预之初就会开始教授这一技能。不要觉得只要将孤独症孩子安置到教室就能让他们自然发展出观察学习的能力。只有经过周密计划对他们进行系统化的教学，才能帮助他们培养出这种能力。

对观察学习的教学可以从干预的最初阶段就开始。过去，我们往往要等孩子掌握中级语言技能（比如，发起对话）之后才开始引入观察学习的课程，但现在，我们会将观察学习纳入最初阶段的干预之中（比如，非言语模仿）。一旦孩子能模仿治疗师的动作（比如，扔球、挥旗、推动玩具车），教授观察学习的时机就成熟了。举例来说，我们会安排另一名孩子加入教学之中。教学中，我们会要求孤独症孩子模仿同伴的动作，而不是我们的动作。因此，孤独症孩子不再直接看向老师，他们必须学着将注意力投向同伴。然后，我们会系统地增加同伴的数量并提高模仿的难度。这样，孩子就开始通过观察他人学习了。

随着干预的推进，观察学习会变得越来越复杂。比如，当开始进行接受性命名训练时，老师会要求其他孩子命名物体，再让孤独症孩子将刚刚被命名的东西递给他。最终，我们希望孤独症孩子能够注意并获取那些被间接呈现的信息。比如，在听完一段简单的对话之后，能够回答与听到的信息相关的问题。孤独症孩子要有能力注意环境中的重要信息并从中学到东西，这一点相当重要。

孤独症孩子一旦成为观察学习者，就可以大大提高获取信息的速度。学校为持续培养观察学习能力提供了理想的平台。

集体教学

孩子必须能在社会环境中学习。学校教学大部分发生在集体环境之中。虽然在集体中学习对孤独症孩子来说存在困难，但他们是可以发展这一技能的，这一技能本身也非常重要。在集体中学习是对观察学习的延伸。当在观察学习的训练中引入两个或两个以上的同伴时，孩子其实已经开始进入"集体"教学模式了。为了促进技能泛化，我们也有必要将干预有系统地扩展到更大的集体之中。从跟随一位同伴或成人进行观察学习训练，到突然进入20人的班级，这种落差实在过于巨大。很多孩子需要以阶梯模式一步步过渡到这个程度。通常的做法是从人数较少、规模较小的集体开始，先培养集中注意力、观察学习和其他各种集体学习准备技能。我们发现，如果选对技能发展方向，很多儿童在干预之初就可以从集体教学中大大受益。

集体教学有很多优势。除了信息获取效率更高、教学形式更自然，集体教学还不乏其他优势（Taubman, Brierley, Wishner, Baker, McEachin & Leaf, 2001; Polloway, Cronin, Patton, 1986）。集体教学可以用到"替代依联"（vicarious contingencies）。也就

是说，儿童不必直接体验后果，只要看到同学因专注而获得强化，就会明白保持专注的好处。同样地，当其他孩子因乱喊乱叫之类的破坏性行为失去强化时，可以料想孤独症孩子也能从中吸取教训，而不必直接体验相同的后果。

当接受不那么直接的教学时，孤独症孩子比较难以保持专注。集体规模越大，干扰和噪音就越多，和老师直接互动或做出积极反应的机会则更少、间隔更久，老师分给每位同学的注意也更少。孩子需要在不操作任何技能、未被要求做任何事的情况下保持更长久的注意力（比如，听故事）。这与一对一训练的情况很不相同。在一对一训练中，孩子会得到老师的持续关注，也会更频繁地被要求进行各种技能操作。在这种完全针对个体的教学中，孩子相对容易投入注意力。而在集体教学中则有机会培养直接注意和间接注意的技能，提升注意的时长和质量，同时发展孩子对噪音和干扰的耐受力。

除此以外，孩子还可以从集体环境中学到很多其他技能。集体教学中常常用到很多不同形式的指令，有在集体内部的个别化指令（相继式指令，sequential instructions），有要求全员统一参与的指令（合唱式指令，choral instructions），还有条件性的指令（交叠式指令，overlapping instructions）。这些多样化的指令在普通教学环境中是比较常见的。集体教学给儿童提供了学习有效区分并听从这些指令的绝佳机会。此外，儿童在集体教学中还能学习轮流回答问题或完成其他任务，这些都是很有用的技能。

孤独症伙伴（Autism Partnership）的研究（Taubman, et al., 2001）显示，回合尝试教学[①]的基本要素可以融入孤独症孩子的集体教学之中。通过参与集体活动，学生可以获得多种技能。而在集体形式内实现对破坏性行为的教学控制也是可能的。还有研究（Taubman, Papovich, Palos & Styzens, 2001）显示，集体教学另有其他好处：学生掌握了集体中某位同学正在学习的技能，但这些技能并未直接教授给他。这一点很值得关注。

集体教学无疑是在校学习的一个优势。这种优势仅靠单纯的家庭干预是难以实现的。学校提供了持续的集体学习的机会。集体的大小和类型可以按需调整，在集体中学习的时间占比也可以根据每位学生的需要量身定制。

---

① 编注：回合尝试教学，Discrete Trial Teaching (DTT)，也译为回合式教学。

泛化

我们认为孤独症孩子需要尽早去上学的最后一个原因，是学校提供了一个极好的解决泛化问题的机会。虽然技能泛化难以实现常被看作 ABA 教学的一个缺陷，但这实际上是孤独症儿童学习特点的一种体现（Lovaas, 1993; Jones, Simmons, Frankel, 1974）。家长们也为这一现象懊恼不已。孩子明明能够命名物体，在评估中却偏偏无法完成命名任务，这让他们感到震惊。他们会认为孩子的表现没有准确反映他们的真实水平。但这种表现上的差异可能是多因素共同作用的结果。置身于新的环境、面对陌生的测试者、用到了不同的材料、测试者未使用他们熟悉的语言表达，这些都会影响孩子的表现。与泛化相关的问题都是我们必须解决的问题，而学校正是解决这些问题的完美场所。

关于如何解决泛化问题，斯托克斯（Stokes）和贝尔（Baer）（1977）在他们那篇颇有影响的文章中提出了许多建议，其中很多方法都可以在学校实现。比如，他们建议干预应该从初始的目标环境向其他环境拓展（"渐进式调整"）。他们也建议教学应该在多种环境下、由多位教师负责完成（"训练充分的范例"）。这一点在学校也很容易操作。他们还建议利用自然场景中发生的程序促进技能的迁移（"设计通用刺激物"）。在学校上学让学生有机会体验那里所使用的各种语言、活动方式和材料。请保证学生在家庭和/或门诊的治疗中也能广泛接触到这些因素，也就是说，要照着学校的教学活动方式来推进你的干预计划，而不是将学校教学变成回合尝试教学的翻版。

第二章

为孤独症学生创建 ABA 教室[①]

由于孤独症学生所带来的巨大的教育需要以及教育实体所面临的需求增长,对优质、高效且有效的孤独症学生教育服务的需求也显著增长。接下来要介绍的是为孤独症学生创建 ABA 教室、进行教室中的工作人员培训以及对进行中的操作展开监督与评估的基本框架。本章内容中我们所设计的"教室 ABA"模式不仅要让其他人理解,还要真切地看到 ABA 教学在教室中的有效落实。我们的员工培训模式则向培训机构内部专业人员提供了方法,可以在未来承担起本地区的培训和持续督导工作。

过去对孤独症学生的教育干预可能只关注单个的儿童、具体的问题和特定的方法及技巧,但现在在我们将考虑到整个系统的影响。随着方法的日益多样化和综合性项目的不断开发,整个学区都发生了变化。学区和其他教育实体必须提供范围广泛的教育服务以充分满足孤独症孩子的需要。这些服务共同构成一个完整的孤独症教育项目,它们需要有统一、深层的理念和愿景支持以保证项目的成功。项目需要有实质内容,有连续性,能很好地融入整个学校系统之中。同时,我们还必须建立配套机制以评估学生的进步以及项目是否正朝着实现愿景的方向发展。

下文对教室 ABA 模式及培训方案的介绍是创设孤独症学生 ABA 教室的一个基本框架指导。我们希望它能帮助教育实体建立起综合的、有评估支持的、全系统协调的教育教学项目,满足孤独症学生的教育需要。其中具体会谈到 ABA 教室的创建模式、人员培训模式以及必要的培训课程内容。

[①] 本章作者:米切尔·陶布曼、罗恩·利夫、马琳·德里斯科尔(Marlena Driscoll)、塔米·怀特(Tammy White)以及艾丽西亚·埃利斯(Alicia Ellis)。

第一部分：员工技能培养模式

为了最有效地为孤独症学生创建 ABA 教室，现有系统必须经受考验。不仅校区，整个学区都要持续发生变化。我们发现，当学区能全心全意地以特定方式发展时，ABA 教室不仅能办得有声有色，学区中的其他部分也得到了很好的支持，诉讼量随之减少，最重要的是，学生也进步了。

可以从以下方面着手工作：

- 全学区人员有统一的孤独症教育干预理念
- 所有人员，包括学区及行政管理人员，都认同并支持该理念（比如，理解基于应用行为分析的教学是教育孤独症学生的最佳选择）
- 发展从学前到高中的连续教育系统
- 系统内部的协力配合及一致性
- 进行广泛的员工培训
- 建设学区专家团队，为学区未来项目开发、培训及持续咨询储备必要的内部人才

孤独症学生 ABA 教室创建中的培训及咨询模式存在很多变体，每个教育实体也都有各自不同的需求，但我们接下来只选其中一种变体加以介绍。这是一种综合性的、全学区的模式，其中包含了孤独症学生 ABA 教室创建及教室人员职业发展的基本要素。

工作坊

初始/授课式工作坊。一般以讲座形式进行，为期 2～3 天。目的是对孤独症谱系障碍、ABA 理论及理念、ABA 基本方法与技巧以及其他基础要素做入门培训（见附录 A）。我们也可以利用这个机会评估研修人员对 ABA 方法的兴趣及他们与 ABA 的潜在适配度，从而对他们进行分类。

实践工作坊。一般为期 5 天的体验式研修。虽然期间也有一些讲座，但讲座的目的主要在于加强对 ABA 教学的实操指导（见附录 A）。我们可以利用这次机会进一步评估研修人员对运用 ABA 教学法的兴趣、积极性和能力。

高级工作坊。一般为期 1～2 天，兼有讲座和体验的内容。历来承载着后续研修的功能，主要为高级员工研讨复杂问题或对需要经常注意的问题开展专题研讨而开设。

示范/培训教室

作为教育系统变化的一部分，我们要选一个学校和班级作为整个学区的示范和培训站点。这个班级将配备训练有素、业务精熟的人员队伍并承载多项功能。首先，它将为班上的孤独症学生提供高质量的教育和干预服务。其次，它将成为综合性ABA教室的样板。最后，它将成为一个培训站点。

这个教室一旦建立起来，学区将依次选派区内教师前往参加培训。在这里，受训人员可以观察教学操作和ABA教学法的运用，然后练习将所学技能应用于教室的学生。受训人员在返回自己的班级之前，会接受多方面的持续培训、反馈和督导，也会广泛参与相关问题的讨论（见附录A）。

综合培训和带教老师

在考察多种因素（包括愿望和能力）之后，学区会确定参加广泛培训的人选（即被选中参与学习示范教室模式的教师）。在受训老师参加完初始工作坊和实践工作坊之后，带教老师（有经验的ABA教室教学人员）通常会去受训老师的班上待一周，期间会给受训老师提供信息，让他们为余下的培训做好准备，协助受训老师评估并判断需求情况，与相关人员和相关方沟通联系，合作进行教室的开设事宜。随后，受训老师（有助教的话，则一起）去示范/培训教室（通常1～4周）接受密集和广泛培训（见附录A）。与此同时，带教老师会去受训老师的班上代课。他们会给留在班里的工作人员提供现场培训，继续合作推进教室的开设工作，开发并实施教学训练方案，配合受训老师完成培训任务。在当受训老师和其他人员返回班级后，带教老师会在班里再待一段时间，通常为一周，提供返岗和附加培训。他们将在方案开发和教学上提供必要的协助，也提供反馈和督导，这些都将继续推动新教室的设立。受训人员还将接受后续咨询（见下文）并参加上文提到的高级工作坊。在一些情况下，受训人员最终会发展成为工作坊的培训老师、学区的咨询师（见下文），而他们所在的班级也可能成为新的示范教室，为未来的新人培训提供实习站点。

持续咨询

后续咨询。在带教老师离开班级之后，受训老师/实习教室还将定期接受后续的咨询服务。后续咨询一般每月2～4次，每次一整天。一开始会有多位专业人士提供咨询服务，包括带教老师、示范教室教师、行为专家等。咨询主要包括提供附加培训、反馈、督导，提供参考信息和资料，并给予多方面的协助，比如行为方案和课程的开发、方案的实施与教学、时间表、教室环境、数据采集和其他的教学和课堂操作（见附录A）。随着时间的推移，后续咨询在访问频率和时长上都会逐渐降低和减少，这种来自外部力量的支持将逐渐转向学区内部的自我发力（见下文）。

一般咨询。除了重点培养的受训老师／实习站点，其他有孤独症学生的班级也会继续接受定期的外部咨询服务。这些班级的教学人员一般都参加过初始工作坊和实践工作坊。鉴于此类咨询较为局限，在咨询中保持与学区内部人员的协调配合是比较重要的。在咨询过程中，机构或学区的内部咨询师通常会与外部咨询师有很多交集。这些人可以趁机拓展经验并将咨询师给教学人员的建议持续贯彻下去。

针对特定学生的咨询。即就个别学生的具体问题和情况提供如上所述的定期的有限咨询服务。一般认为此类咨询的作用比较有针对性和局限性，需要此类咨询的老师也往往需要更加普遍、全面的咨询服务。

责任移交：能力建设

我们希望通过这种培训模式达到这样一个目标，即逐渐减少来自外部的培训和督导，培养学区内部的咨询人才。我们称这一过程为"能力建设"。要在整个系统内创造出长久而可持续的变化，核心任务就是能力建设。为打造学区内部的培训和咨询力量，我们的着力点不应该仅限于孤独症教室的人员培养，还要兼顾支持性、监管性人才的培养，这些人才未来将负责学区内的项目开发、监督、培训和指导方面的工作。他们不仅要参加工作坊和咨询，还要接受额外的直接教导、支持和监督，学习与培训、项目创建和咨询相关的技能。这些人员将逐渐承担起更大的责任，最终在学区独当一面或成为教育实体内部的专家、培训师和咨询师。

评估

为了评估需求，最好能制定正式的评估方案。这种评估不仅要测试学生，测量他们在一段时间内的进步，还要对教室情况及培训模式进行评价。测量应该包括客观教室数据的采集（见第九章）、标准化测验、对忠实性和质量控制情况的评判（比如教室检核表，见附录B）。在有些情况下，员工的技能掌握情况和表现也是需要测量的内容之一。评估不仅要在教室内部进行，也应该在教室之间进行，才能评估培训及为复制教室模式所做的努力是否有效。经过这样的评估，我们可以确定培训的作用和有效性，对于是否继续、调整或终止现有孤独症学生教育项目，也可以做出明智的判断。

第二部分：ABA 教室创建模式

相关研究

教育环境中的 ABA 干预对孤独症学生的重要性和影响力已经被很多研究证实（Fenske, Zalenski, Krantz & McClannahan, 1985; Handleman, Harris, Kristoff, Fuentes & Alessandri, 1991; Kamps, Walker, Dugan, Leonard, Thibadeau, Marshall, Grossnickle & Boland, 1991; Strain & Hoysen, 2000）。无论是总体项目评估型的研究，还是程序方法调查类的研究，都显示在教育环境中提供 ABA 服务对孤独症人士的干预起着关键作用。其理论依据包括场所的教学适宜性、教育环境所提供的技能教学机会（学业技能、环境适应相关技能、休闲娱乐和社交技能等）以及对技能泛化至普教环境的促进作用。大量研究表明，行为分析的很多程序和教学策略对孤独症学生都是有效的。这些程序和策略包括回合尝试教学（Lovaas, 1987; Handleman & Harris, 1983; Polloway, Cronin & Patton, 1986; Taubman, Brierly, Wishner, Baker, McEachin & Leaf, 2001）、延迟辅助（Farmer, Gast, Wolery & Winterling, 1991）、集体教学（Kamps, Dugan, Leonard & Daoust, 1994; Kamps, Walker, Maher & Rotholz, 1992）、同伴介入（Kamps, Kravits, Lopez, Kemmerer, Potucek, Harrell, 1998; Kamps, Barbetta, Leonard & Delquadri, 1994）、嵌入式教学（Chiara, Schuster, Bell & Wolery, 1995）、行为动量（Ray, Skinner & Watson, 1999）、活动时间表（Hall, McClannahan & Krantz, 1995）和融合式教学（Kamps, Leonard, Potucek, Garrison-Harrell, 1995; Harris, Handleman, Kristoff, Bass & Gordon, 1990）。它们在综合性在校项目中的积极作用被证明是长期持续的（Harris and Handleman, 2000; Fenske et al., 1985; Strain & Hoysen, 2001）。通过这些全面分析也探讨了评估总体和具体影响的必要性。

学校环境中的孤独症学生 ABA 干预的成果表明，此种环境下的干预有多种好处。在校干预让我们有机会解决这一教育环境中孤独症学生特有的行为和技能问题，比如，遵守学校的常规、规定和秩序，成功参与半结构化的集体游戏、娱乐或社交活动（Dugan, Kamps, Beonard, Watkins, Reinberger & Stachaus, 1995; Kohler, Strain, Hoyson, Davis, Donina, Rapp, 1995; McEvoy, Nordquist, Twardosz, Heckaman, Wehby & Kenny, 1988）。在校干预的另一个好处在于学校环境能提供社交和娱乐的机会。已经有人对孤独症儿童的游戏技能养成进行了专门的研究（Wulf, 1985; Rettig, 1994）。

在校干预中还有机会用到特定的教学形式，比如集体教学（Taubman, et al, 2001）、替代性观察学习（Browder, Schoen & Lentz, 1987）。一些关于学习障碍、孤独症及其他发展性障碍儿童的观察学习的研究报告展示了在学校使用这些形式教授特定技能的方法（Keel & Gast, 1992; Schoen & Ogden, 1995; Shipley-Benamou, Lutzker, and Taubman, 2002; Wolery, Ault, Gast, Doyle, Griffen, 1991）。

总而言之，对孤独症人士进行 ABA 教育干预的有效性和有益性已经在程序和项目层面得到了广泛的实证支持。在家庭、康复中心和社区的行为服务之外，以学校为基础的干预为孤独症个体的 ABA 干预提供了独特而必要的补充，使之更加全面和完整。

ABA 教室模式

下面要介绍 ABA 教室综合干预模式的主要项目规划性要素。虽然每个教室都会根据学生、教职员工、学区及其他因素的不同需求和特质而特别设计，但下面这些部分却是这些个别化设计中最基础的存在。我们的"培训方案"中的很多内容就是针对这方面的必要培训，让员工学会高质量地运用这些要素。

结构和组织

ABA 教室的常见模式是在普教学校开设的特教班（例如，特殊日班[①]）。它可能是专门面向孤独症学生的，也可能是各类障碍学生都能参加的混合班。在一些情况下，和学前特教班一样，它也可能是在普教班中插入不同比例的特殊学生并融入 ABA 的项目和结构。我们曾与一些 ABA 学前班合作过，它们实际上是普教的幼教班，班上有一小部分高功能的孤独症学生。为满足特殊学生的需要，这样的班级教学会巧妙地嵌入 ABA 的课程设计（见下文）。在必要时，它也有能力为特殊学生提供抽离式的集中教学和训练（见下文）。下文所论 ABA 模式的组成要素也被用到了资源教室和融合教室的环境之中。

本节接下来的讨论很多都是关于常见的 ABA 教室的。在我们介绍的这个模式中，为了促进泛化，教室的结构和组织都与普教班级相近似。学前到高中的每个教学阶段，教室的布置和环境应该始终反映这一目标，营造出适宜教学的积极氛围。教室的时间表和教学安排也要尽可能接近普教班级。总而言之，在教室创设方面，我们会综合考虑各种因素：不同教学形式（个别教学和集体教学）的应用、教学人员和学生的分配（通常包括为便于教学而对学生进行分组的过程）、吸引学生对教学主题和课程内容的

[①] 编注：特殊日班（Special Day Class），是一种为特殊需要儿童设计的强化教育计划，如果孩子有严重的精神、情绪障碍或者学习障碍，就能够参与该计划。

关注、方便人员在环境中活动和进行教学转换以及与普教教室环境的相似等。

在学前阶段，每日时间表中包括圆圈时间、中心教学和休闲/社交活动。所有这些都与普通幼教班的安排相类似。我们所说的中心教学，是指学生以小组或个体形式在教室的不同中心之间流动，不同中心侧重于不同的教学领域（比如语言与艺术；另见下文"教学目标与课程内容"）。

在小学阶段，座位安排和教学形式（教师在一定距离外教学）也要最大限度地接近普教课堂。教室也分科（比如阅读、数学等），学生也像普教小学生一样轮流学习不同的科目。每日时间表也尽量与普教小学的相类似。

在中学阶段，座位安排和教学形式还是尽可能地接近普教课堂。学生每日也要在不同课堂之间穿梭（在去普教班上融合课以外的时间，见下文）。因此，时间表和科目安排也要尽可能地接近普教课堂。

教室时间表既包括一般的教学和训练常规，也包括每日变量（比如周期性的社区教学）。教学和干预会贯穿于全天的日程安排之中。即使课间休息和点心时间也是教学的好时机。事实上，考虑到孤独症的基本特征及其对社交的影响，在这些时间段的教学及相应的计划安排和服务支持反而更为重要。每一个时间表都应该包括教学主题、教学形式（比如一对一教学、大组教学）以及常规活动（比如课间休息和午餐）。具体的时间表样本见附录 A 中"培训方案"的"教室环境"部分。

行为训练

关于 ABA 教室用于处理破坏性行为和问题行为的程序性方法以及背后的哲学理念，我们在《孤独症儿童行为管理策略及行为治疗课程》[①] 一书中有详尽的论述。下面我们就 ABA 教室处理问题行为的整体规划性方法做一个简单的介绍。

首先进行 1 级、2 级（Kennedy）功能性行为评估（Functional Behavior Assessments），厘清问题行为的性质、客观表现及行为所承载的功能。这样的评估会贯穿行为训练的全程。在完成初始的行为评估之后，我们会运用正向的行为管理程序来减少干扰性或破坏性行为并培养积极的替代技能。我们的策略既有反应性的，也有主动性的。反应性程序的核心在于用丰富的差别强化来塑造破坏性行为的降级以及奖励期望行为的发生和破坏性行为的未发生。主动性程序则包括涉及面广泛的依联管理系统（比如代币

---

① 编注：《孤独症儿童行为管理策略及行为治疗课程》一书由罗恩·利夫及约翰·麦克伊钦主编，简体中文版于 2020 年由华夏出版社出版。

制、依联契约、自我管理系统等）以及对特定的功能替代行为的教学和差别强化。这样，我们既教授了技能，也激发了运用技能的积极性，实现了两者的有机结合。

虽然有些行为训练会面向整个班级（比如面向全班学生的代币制），但大部分训练针对的还是个体，是根据学生的行为问题、需要和能力情况量身定制的。现实可行性也很重要：对学生来说，就是要高度重视功能替代行为的教学；对教学团队来说，就是要设计出可以在教室环境中合理运用的行为方案。在制定计划时要预先考虑到计划实施过程中可能存在的限制性因素，这样做出来的计划会更为有效。

行为教学

回合尝试教学（Discrete Trial Instruction）。我们在其他书里详细介绍过这种非常正向的教学方式（Leaf & McEachin, 1999）。ABA 教室模式所采用的这一方法包括几个基本要素。它的基本教学程序包括一个指令、必要的辅助和辅助渐褪、给参与者反应的机会、差别强化以及回合与回合之间的短暂间歇。充分、有意义的正向强化和基于学生需要的个别化教学永远是重点所在。我们不建议采用厌恶性或惩罚性的依联和方法，最多只是剥夺潜在的强化物（比如失去特权等）。回合尝试教学法被应用到了一对一教学、小组教学和大组教学之中。关于一对一回合尝试教学的构成和有效性，在众多研究文献和介绍性书籍及文章中都有论及（参见伊瓦尔·洛瓦斯及其同事的研究、《我的书》及《孤独症儿童行为管理策略及行为治疗课程》）。

集体教学（Group Instruction）。事实已经证明，集体回合尝试教学是个别化回合尝试教学的有效补充（Taubman et al., 2001）。集体教学中既有相继呈现给每一位学生的回合，也有统一呈现给所有学生的回合，还有不同学生之间相互交叠、齐头并进的回合。

在相继式的集体教学中，回合尝试的机会将随机轮流至每一位学习参与者。一位参与者的回合结束，另一位参与者的回合才会开始。参与者之间的回合各自独立，彼此不相联系。而在统一的合唱式的集体教学中，每个回合都同时呈现给集体中的所有参与者，我们期待所有人都能像合唱那样步调一致地做出相同的反应。

交叠式的集体教学涉及不同参与者之间回合的部分重叠：一些人的回合还没结束，其他人的回合就开始了。在这种情况下，不同参与者的学习过程、行为或反应之间会产生联系。这一方法有很多操作形式。举例来说，某位学生收到一个指令。当他/她即将给出我们期望的反应时，给另一位学生一个指令，要求他/她注意前者的活动或表现，然后给老师一个反应。接着，两位学生都收到反馈，两个回合也相继结束。再举一个例子，一位学生在收到指令后拒绝做出反应。老师没有立刻给他直接的反馈，而是给第二位学生发出指令。第二位学生顺利给出反应并因此得到热情的表扬。这种表扬其实也是给第一位学生的后果。初始回合就此结束。第三个例子，在对集体中的某些人统一给出某个指令后，马上再对其中某一位学生给出一个类似但个别化的指令。这一独特的指令与这位学生的发展水平和课程需要相吻合。个别化的指令适时插入可以帮助这位学生理解老师对集体的指令或统一要求，让他与大家一起做出反应。接着，所有学生一起得到反馈，对目标学生的嵌入式指令也会逐渐撤出。此外，还可以对两个或两个以上学生发出指令，要求他们做出互动性的、需要协作的、彼此依赖的反应。比如，给学生布置两人合力才能完成的任务。还有一种做法是在某位学生的回合尝试过程中，对另一位或多位学生对集体指令的恰当反应（比如注意、耐心坐着或提供帮助）进行差别强化。

既然回合的呈现可以做到个别化，那么课程内容、行为训练和课内教学调整（比如辅助渐褪）也都可以实现个别化。此外，由于在集体中每个人的学习过程会与其他人有交叠，也常常彼此关联，学生会有大量观察学习（通过他人的学习或反应来习得技能）的机会，不管这机会是人为设计的，还是随机发生的。此外，学生也有更多机会来发展共同注意技能（社会性趋向与参照）、提高社交兴趣并发展社交技能。

交叠式的集体教学模式挑战了回合尝试技术的基本原则，即学生间的回合尝试应该有所区别以及至少有一些必要的个别化教学，这两点被认为对孤独症学生的成功起着至关重要的作用（Lovaas, 1996; Handleman et al., 1991; Kamps et al., 1992; Kamps et al., 1991; Lovaas, 1981）。但交叠式集体教学的有效性已经被证明，将其纳入 ABA 教室教学也不乏合理性依据，这些都足以打消之前的疑虑。

在集体教学中，交叠式、相继式和合唱式的教学方法可以很好地融合在一起。比方说，我们要完成一个语言目标，其中涉及某个表达性命名的教学。教学可以有合唱式的模仿回合，大家一起唱嵌入了物品名称的歌曲；也有相继式的直接教学，学生手持相关物品，逐个学习接受性命名；还有交叠式的回合，让学生通过示范和观察学习来学习表达性命名。我们不会一味刻板地遵循既定的方案，而是灵活运用这些要素，使教学能对各种课内因素做出积极的响应。比如，学生的需要（例如，某个特发事件表明，合唱式地统一教授任务不再适用，需要改用相继式的方法来教授）、教学机会（比如，某位学生意外做出了可供观察学习的示范）、课内进展（比如，某位学生在合唱式教学中的参与度有了意想不到的飞跃）及行为问题（比如，破坏性行为突然增多，表明需要采用交叠式教学）。通过这样的灵活运用，回合尝试的原则和集体教学的方法就变得明确、结构化和系统化了。这种干预方法既受控于程序规则，也顺应变化的情势，是一种综合的响应（Jahr, 1998），我们称之为"结构化的灵活"。

教师在集体教学中的作用包括提供教学、给予辅助和施以后果。教师也负责不同形式的集体教学的综合运用、教学个别化、课内教学调整以及与教学辅助人员的协调配合。集体教学中交叠的、同时进行的部分正好有助于教师与教学辅助人员增进合作。教师站在学生前面，负责主要的教学工作，辅助人员在学生身后，协助教师完成工作。在这样的安排下，辅助人员会配合老师辅助学生，当这些学生的尝试回合与老师指导的其他学生的尝试回合有所交叠的时候，也协助开始/结束他们的回合。辅助人员会根据老师的提示、要求，在老师的指导下完成这些任务。这样做是为了尽量接近普教的教学安排——在普教环境中，老师是主要的教学者。我们的目标是尽快、尽可能多地撤出辅助人员及其辅助，最大限度地促成独立学习在普通集体环境中的发生。

集体回合尝试教学能带来很多好处。比如，集体教学有助于行为管理。在集体教学中有很多使用替代性强化的机会，也就是说，学生有很多机会观察到别人因为良好行为而获得积极的奖赏。比如，我们可以将有破坏性行为的回合与其他学生有恰当行为并获得依联强化的回合相交叠。不仅如此，学生之间还有机会相互督促提醒，纠正他人轻微的破坏性行为，并对他人的恰当反应提供积极后果。这些同伴介入活动的积极作用是有目共睹的。除此之外，在集体教学中，当学生为了吸引老师的注意而出现不恰当行为的时候，老师有机会以极其自然的方式将注意力转向其他学生。这在一对一教学中是无法实现的。最后，集体教学有助于减少学生因疲于应对而产生的失当行为。因为在集体教学中，教学要求是由整个集体共同承担并由集体成员轮流完成，而不是集中抛给某一位学生。

交叠式集体教学的一个好处，是它有机会实现教学的个别化。我们发现，即便对于目标和功能水平各异的学生，交叠的、齐头并进的又不失个别化的教学不仅是可行的，很多情况下，它还能促进学生之间的共同进步。比如，我们注意到，如果一位学生正在学习表达某个物体名称，而另一位学生正在学习表达物体名称及相应属性，那么，将前者的尝试回合嵌入后者的学习过程之中，可以让两人的技能同时得到提升。

集体回合尝试教学的另一个好处，是它可以提供社会交往和观察学习的机会。与个别化教学不同，交叠式教学不仅让学生接触到其他学生和他们的学习过程，还让他们有机会提升观察学习的技能。这种教学方式可以通过有目的地相互嵌入同学的回合尝试教学，实现有系统、有指导的观察教学（比如"像那位同学那样做"）。结果是学生不仅掌握了自己在学的技能，还学会了其他同学的目标技能，后者往往还更为高阶。这样的例子在集体回合尝试教学中比比皆是。

集体回合尝试教学还有其他好处，比如教学的高效性和自然性。举个例子，一堂20分钟的集体课，课上有8名学生。在这段时间里，在场的所有学生会接受大容量的回合尝试教学。这种教学既是所有人同步的，又是兼顾个体的。粗略换算一下，这相当于老师进行了两个半小时的个别化回合尝试教学。如此高效，给学校和学区指明了道路——可以以这种方式提供切实可行的、高效的回合尝试教学，让它成为一对一回合尝试教学的有益补充。融合了相继式、合唱式和交叠式元素的集体教学其实是一种非常自然的状态。在普教的大部分年级中，很多教学就是在集体中发生，师生之间有很多交集和互动。集体回合尝试教学的这种自然性不仅可以提升自身的整体魅力，也能潜在地促进教学向融合环境的泛化。

集体回合尝试教学是一种复杂的教学方法。除了遵循回合尝试教学的基本原则，还涉及其他元素的系统化整合，比如，嵌入过程（见下文）、目标的个别化、课内及回合间调整以及老师与教学辅助人员之间的精密合作等。集体回合尝试教学本身就已经颇具挑战，要实现这种系统化自然是难上加难。就算一对一教学的系统化有时也并非易事。相比之下，集体回合尝试教学的系统化难度可以说呈指数级倍增。明确集体教学的目标并有条不紊地向前推进（比如辅助渐褪、任务拓展等）是学生习得技能、取得进步的关键。

嵌入式与集中式教学（Imbedded and Concentrated Teaching）。行为教学既可以采用嵌入的方式，也可以采用集中的方式。嵌入式教学是在自然情境中发生的教学。它利用一天中有代表性的场景，比如，活动转换、集体教学、午餐、集会、艺术课、课间等，来教授该场景中所需要的技能。而在集中式或隔离式的教学中，学生会被抽离出来，在预设好的场景中专门练习某个行为或某项技能。集中式教学可能是一对一的，但也可以发生于集体之中。它泛指那些在自然情境之外以集中的方式进行的教学。

我们发现（Taubman et al, 2002），不同教学方式的融合互补，即嵌入式教学与集中式教学的协调配合，可以促进学生的技能习得。随着这种融合的推进，无论是嵌入式教学还是集中式教学都可以以个别化或集体的形式发生。

嵌入式教学与集中式教学相互协调的一种情况，是发生在嵌入式教学进展缓慢或受阻的时候。这时，我们可以朝另一个方向努力，即通过集中式教学来加速技能的习得，然后再回到嵌入式教学。说得再具体些，假如孩子不能通过课间的嵌入式教学学会对"静止铃（freeze bell）"做出恰当反应，那么，除了课间之外，他还需要以集中式教学的方式学习在某个信号之后停止一切活动。嵌入式教学和集中式教学的相互配合将促进已习得技能的泛化，让学生能在课间独立运用该项技能。

互动教学法（Teaching Interactions）。对有语言和认知能力的学生，除了采用回合尝试教学，还可以采用ABA的其他教学方法，特别是互动教学法（TIs）。互动教学法是一种复杂的教学方法，遵循"示范－练习－反馈"的流程，脱胎于扶助失足青少年的"教学之家"（Teaching Family Model）模式。它能以人与人之间对话这一相当自然的方式结构化地训练比较复杂、微妙的技能，因此，它对孤独症个体也是非常有益的。我们可以用它来实现多方面的技能目标，包括社交、学会学习、沟通、休闲娱乐、遵守学校常规和学业技能等。

关于互动教学法的详细介绍可以参见《教学之家手册》（*Teaching Family Handbook*, 1980）。它的基本组成大致如下：

1. 发起及命名

2. 阐述理由与意义

3. 演示/说明

4. 练习

5. 反馈

6. 行为管理后果

具体到每一次的互动教学中，这些组成部分可能有，也可能没有，关键是看学生的需要、能力和进步情况。互动教学课上的互动带有教学性质，对展示的每一个步骤也都有正式的解释，这可能让它看起来很像正式上课，但它更像好友聊天，只不过会展示必要的步骤，这些展示又以讨论的形式呈现，因而显得不那么正式。无论怎样，鉴于孤独症学生的特殊需要，教学始终是结构化、系统化的。

除了教学，互动教学法还有另外两个组成部分：分化训练和泛化训练。

分化训练（Discrimination Training）是通过教学让学生懂得不同反应方式之间的差异，通常是不受欢迎与受欢迎的反应之间的差异。它可以是区分原有的不恰当行为与将要学习的恰当的替代行为之间的差异，也可以是区分不同的社交信号，或是注意到不同替代行为的不同结果（对理论说明的强化）。分化训练往往要等教授必要的技能之后再开始，但有时也可以与互动教学齐头并进。

由于初始的互动教学常常在角色扮演的场景下进行，为确保学生能在自然情境中使用学到的技能，泛化训练必不可少。泛化局限是孤独症的一个常见特征，这种局限更突显出泛化训练的重要性。一般来说，我们会采用斯托克斯和贝尔（1977）推荐的泛化技巧，帮助学生将新习得的行为逐渐融入自然情境之中。为此，我们往往需要明确几个维度，将模拟或角色扮演与自然情境区分开来。这些维度可能包括：

- 人物
- 环境
- 时间
- 可预见性
- 真实性
- 挑衅性

我们给每个相关维度分出了不同的层级。老师会带着学生以适宜的速度沿层级不断前进，直到他们能在自然情境中独立做出应有的反应。比如，假设某位学生正在学习在同伴讨论他/她感兴趣的话题时不随便插嘴。一开始的教学会比较结构化，由老师对其进行集中授课，涉及的话题材料都不太有吸引力。但教学会逐渐发生变化：结构越来越不明显，需要用到技能的情景出现得越来越自然、越来越不可预料，渐渐又有同伴加入，开始讨论特别有吸引力的话题。

从以往的经验来看，互动教学的所有组成部分（分化训练、互动教学及泛化训练）对于技能的成功运用都必不可少。与回合尝试教学一样，互动教学既可以是个别化的，也可以是集体的；既可以是嵌入式的，也可以是集中式的。

其他教学形式。 除了回合尝试教学和互动教学，ABA 教室还会用到其他的教学方法。事实上，为了促进泛化，我们会尽量采用接近普教的教学方式，包括集体教学、教师在一定距离之外教学、宣讲的方式、随机教学，甚至普教的典型教学策略，比如从抽象到具体（普教的惯常做法），而不是从具体到抽象（在 ABA 课程中较为典型）。所以，我们不仅是在教具体的内容，也是在教学习本身。也就是说，在可能的范围内，让孤独症学生在与以往不同的环境，以常见的普教方式学习。

教学平衡。 虽然对学生的教学和训练是贯穿全天的，但 ABA 教室的 ABA 教学最终还是要归结为"平衡"。需要平衡的大致有以下几个方面：

- 集体教学与个别化教学
- 嵌入式教学与集中式教学
- 有计划、有系统的教学与捕捉教学时机
- 实际教学与活动辅助（即对行为的引导和推动，最终促成某种行为，比如学生拿到书包；或促成某件作品，比如母亲节卡片，但不涉及实际的教学）
- 直接教学与为促成学习而进行的自然情境的营造和引导（比如，与普通同伴一起游戏）
- 教学训练的节奏与强度

如何分配这些要素以实现教学平衡需要考虑很多因素，包括员工、时间表以及学生出人意料又特别具体的需要等因素。这些需要既是由学生的个别化教育计划规定的，也随他们每天不断变化的表现和进展而发生动态变化。

教学目标与课程内容。我们知道，"课程"一词在教育领域有多重含义，其中很多都与传统的 ABA 定义相去甚远。为便于讨论，我们这里的"课程"特指教学内容。

我们所讨论的教室 ABA 模式在充分考虑学生能力差异的基础上采用分层课程的形式。课程层级可以包括：

- 主题性内容（整合所有学科领域，在普教中广泛使用）
- 学科领域（美术、数学、阅读、社会科学等）
- 教学性活动（美术创作、阅读作业等）
- 行为目标（包括替代技能）
- ABA 课程（比如《孤独症儿童行为管理策略及行为治疗课程》中的课程）

ABA 课程的目标涵盖语言、社交技能、游戏、休闲娱乐、在校技能（比如排队、食堂常规、集会要求等）、日常生活活动、社区教学、认知（包括学业）性目标以及学会学习等技能。在传统的一对一家庭 ABA 教学中，ABA 课程（及行为训练）是全部的焦点所在。在某些时候，比如一些集中式的 ABA 教学中，即便教室模式的 ABA，情况可能也是如此。不过，教室环境中的 ABA 课程通常还是被纳入或并存于上文列举的其他教学内容之中。

这种分层课程与教育中的鹰架（scaffolding）概念相类似。不同课程层级的整合构成了每个孩子每天的教学计划。所有层级，尤其是最后两层，都与学生的个别化教育计划目标密切相关。

这种分层课程的理论依据在于教学的场所——它们在教室环境中发生。在普教环境中，教学内容正是以分层的方式教授的。在 ABA 教室采用同样的分层方式，有助于促进泛化和提高学生的独立性。我们也发现（Taubman et al.），这种包含了分层课程的教学可以成功实现预定的 ABA 课程目标。此外，我们还发现，这样的教学安排还能让学生间接学到其他人正在学习的其他层级（比如主题性内容）的课程内容。这种附带性习得无疑是对分层课程的有力支持。

分层课程法可以与上面谈到的教室 ABA 模式的其他要素很好地融合在一起，包括嵌入式和集中式教学以及集体和个别化教学。

融合及普通同伴

关于融合及与融合相关的问题，我们在《不得不说：孤独症行为治疗是与非》的"融合迷思"一章中有详细的讨论（Leaf, McEachin & Taubman, 2008）。这里还需强调的是，教室 ABA 模式让学生在融合环境下与普通同伴一起学习，无论是融入普教课堂，还是接受反向融合，都会提供大量的机会，而且，这种融合还能根据学生的个体需要特别设计。在"最少限制环境"的指导原则下，我们的目标，是在特教环境中施行必不可少的教学和训练之外，最大限度地提供高效、实用的融合教学，实现两者的平衡。不过，所有融合都应该包含嵌入式的教学和训练，涉及上面介绍的各种要素。

普通同伴的参与不仅是融合的需要，也是教学内容本身的需要，比如，在学习社交、游戏及学会学习的技能（比如观察性学习）时。但教室 ABA 模式也要注意避免把普通同伴当纯粹的特教工具来使用。把普通学生当工具来用，不仅对他们不公平，对特殊学生也不公平，因为这样做往往培养不出双向的友谊。

因此，我们会想方设法，让参与融合及 ABA 教学的普通同伴也能从中受益。有时，这些同伴可能还会介入到干预过程之中，我们同样要注意不要将他们始终置于治疗师的角色之中。他们需要回归孩童的本色——小治疗师是没法和孤独症学生成为平等的朋友的。

第三章

好学区的标准[1]

我们常常受邀去评估学区的服务质量。推动这种需求的通常是诉讼。在选择应诉或和解之前，他们想听听我们的意见，看他们在教育方面是否具有"防卫性"。

学区怎样才是具有"防卫性"的？它至少必须实行恰当的个别化教育计划（IEP），收集数据，认真履行该履行的职责（Enright, Azelrod, 1995）。但"防卫性"不只是程序健全的问题。我们认为，"防卫性"归根结底是要提供高质量的教育。有了高质量的教育，学区在听证会上就能稳操胜券。有了高质量的教育，家长将感到满意。有了高质量的教育，老师和辅助人员会工作愉快。有了高质量的教育，学生也会取得有意义的进步！

提供高质量的教育是打造"防卫性"的最佳途径。诉讼从此成追忆！

判断一个学区是否有"防卫性"，我们会先分析它是否提供了高质量的教育服务。而高质量的教育通常有以下几方面的特征。

统一的理论取向

学区常常自豪地宣称自己在理念上"兼容并包"。兼容并包的教育模式风行已久，而历来推动教育决策的，很遗憾，是理念上的探讨，而非对结果的实证分析。正因如此，教育行业才那么容易受流行理念的侵蚀。这些理念受人追捧，盛极一时，靠的是让人感觉良好、怦然心动，而不是科学可信。至于"兼容并包"，它还有另一层诱惑，那就是"越多就越好"。学区相信，每样来一点，他们就可以博采众长、扬长避短。

---

[1] 本章作者：罗恩·利夫、约翰·麦克伊钦。

为避免"一刀切"的隐患，他们力争全面，想让自己在所有方面满足所有学生的需要。于是，各种咨询师和培训"你方唱罢我登场"，教育规划也变成一个大拼盘——一小口 ABA，一大份结构化教学法（TEACCH），一小撮语言行为法，少许感觉统合（SI），再来点图片交换沟通系统（PECS）、地板时光以及"传统"教育的美味酱汁。他们相信自己实行的就是那个"最佳方案"。因为放眼四周，所有人都觉得这主意不错。至于它管不管用、怎么管用，根本没有认真分析。学区实际提供的往往是一个毫无系统可言的服务大杂烩！

学区之所以如此"兼容并包"，除了这种模式本身诱人吸睛之外，还另有原因。律师似乎是这一理念的忠实粉丝，他们认为这样做能让学区在应诉时更有防卫余地。这种做法在某种程度上还出于学区不愿错过某种"灵丹妙药"的心理。的确，如果学区当前提供的服务不够充分，那么多方尝试确实更有可能产生积极的效果。但光凭想象就觉得某个方法有用，对它所宣扬的效果不做任何批判性评估就加以推广，就很离谱了。方法的有效性必须经过科学的论证。我们采用某个方法，不应该只是因为向来如此或为了迎合家长的喜好。此外，我们也需要考虑项目的不同要素之间是否彼此相合。

学区选择兼容并包而不是某一个统一的方法，还有一个原因是太多家长想让孩子尝试不同的方法。家长的诉求自然是重要的，但也要慎重考虑，只有合理的诉求才应该被满足。为了安抚家长、避免诉讼，一些 IEP 小组会同意给孩子提供一系列的教育服务，即使他们也清楚这样做未必妥当。但如此做法根本无法保证孩子得到最好的教育，从长远来看，反而可能为更多诉讼埋下伏笔！学区不能理解，明明按照家长的意思做了，要什么给什么，为什么还成为被告？家长可能确实要求你给孩子提供各种服务或他们从电视上看到的某种"疗法"，但他们真正想要的是让孩子取得有意义的进步。如果学区没能尽到自己的责任，未能在科学研究的基础上找到恰当的方法，导致孩子没有取得进步，那么即便他们提供了家长要求的东西，也难免诉讼缠身。迁就讨好是导致诉讼的确切原因之一（Freeman, Green, Leaf, Sperry, Waks & Weatherly, 2002）。

最后，也有学区是为了保证教育计划的个别化才错误地采用了不成系统的杂烩式方法。他们相信学生接受教育的底层基础是各不相同的。在他们看来，ABA 这样的方法对很多儿童都不适用，因为它不是一个全面综合的方法，所以必须用其他方法来补充。其实，ABA 包罗万象，它有系统，也很个别化，为帮助儿童学习而设计，其有效性也被科学研究所证实。那些源于实证的学习原则广泛适用于所有儿童、青少年和成人。ABA 既适用于有认知障碍的学生，也适用于资优学生。众多期刊以发表 ABA 在不同类型个体间运用的研究论文为己任，成千上万的研究出版物记录了 ABA 的有效应用——它适用于你能想到的所有技能教学。

试问，哪一位学生不需要这样的方法来作为教育计划的核心呢？学区又怎会因为以它为统一模式来全面满足每一位学生的个体需要而惹上麻烦？

人们应该乐于支持和拥护合理的东西，不被身边一时的流行风尚所裹挟。这当然不是否认学区要扩展不同领域的知识和技能。学区需要提供各种方法的训练，但仅限于那些被可靠的实验研究证明有效的方法。即便如此，学区也仍需要一个统一的理论并以此立足。至于为什么需要采用统一的理论模式，我们在《不得不说：孤独症行为治疗是与非》（Leaf, McEachin & Taubman, 2008）一书中有全面的探讨。

早期的持续培训和督导

员工所受培训、支持和持续督导直接关系到教育的质量（Greenwood, Carta, Hart & Kamps, 1992; Hundert, Hopkins, 1992; Kamps, 1997; Leblanc, Ricciardis & Luiselli, 2005; Petscher & Bailey, 2006）。一个人如果只参加过一次研讨，自然算不上受过训练（Smith, Parker, Taubman & Lovaas, 1992）。就算受过一年的培训和督导，往往也还是不够。我们发现，在员工能比较独立地承担教职以前，学区基本上需要对他们进行至少三年的持续培训和督导。即使到了那个时候，他们偶尔也还需要接受咨询服务。这是一个漫长的过程，而且毫无疑问，也很费钱。但正是这个过程能让学区提升教育质量，并因此而更具"防卫性"。

想让员工精通业务，就必须对他们进行广泛的培训。一天是学不会开飞机的。教育人员需要经过密集而持续的训练，才能做好充分的能力准备。但很多时候，学区管理者对这一点往往缺乏理解。他们似乎根本意识不到实施 ABA 是件多么复杂的事。当得知 ABA 培训范围如此之广、耗时如此之长时，他们总认为可以通过压缩培训费用来"节省"开支。这种观点何其短视。这样做的结果自然是诉讼缠身，最终仍不免于巨额的金钱损失。还是那句话：提供高质量的教育是提高自身可防卫性的最佳途径。

统一战线：从校车司机到主管人员

　　教育规划成功的基础，在于执行与规划尽可能地保持一致。锁链的强度取决于最薄弱的环节，教育也是如此。我们经常看到校长们在对学生进行消极关注，看到他们为了让学生停止哭闹而将他们带离活动现场，但这些活动学生根本就不喜欢。他们自以为提供了帮助，实际却在强化破坏性行为。这种理解和认识的不足会削弱教育教学的质量。同样地，食堂工作人员、课间管理员和校车司机等人也关系着教育的成败！如果孩子在校车上遭遇不快，那么他/她到校或回家后对周围人事物的接受度就会变差。同样的道理，食堂工作人员可以帮助引导积极的用餐过程，锻炼学生的社交、沟通和用餐技能。

　　为了让孩子接受高质量的教育，学校管理者和其他所有教职员工应该建立对 ABA 的正确认识，并通过培训学习具体的应用方法。这样，他们在与学生互动时才能和老师及教学辅助人员保持一致（Gillat & Sulzer, 1994; Martens & Ardoin, 2002）。如果未经训练，他们最起码也应该愿意听从那些受过训练的人的意见，不会妨碍规划的顺利推进。

　　我们对校医、学校行政管理者、食堂工作人员、课间管理员和校车司机等非教学人员进行过培训。虽然这些培训没有像对老师和教学辅助人员的培训那样密集，但它们也大大提高了这些人员对孤独症及 ABA 的认识和理解。最重要的是，我们教给他们很多实用策略，比如，捕捉学生的良好表现，避免给他们消极关注。无论在校车、食堂还是在走廊，实行这些策略最终都会让学生受益。我们知道，要求所有教职员工完全一致是不现实的，但大家的步调越是一致，学生就越有进步。

　　遗憾的是，学校管理者的言行常常透露出他们对特殊教育和特殊教育有效性评估的无知。毕竟，他们没有受过特殊教育的训练。只要经过训练，他们就可以学会更好地评估他们的员工，更重要的是，他们可以为员工提供必要的支持和培训。当管理者明确表示支持培训的时候，员工会更认真地对待培训，更愿意接受培训师的建议。那些支持"好的 ABA"的管理者也更可能督促员工真正负起责任。

　　管理者的支持对家长也同样重要。当家长感到管理层能比较充分地理解他们的孩子时，他们会更信任学校，对教育过程也更有耐心。最重要的是，当管理者对孤独症和有效教学的理解更为充分的时候，他们就能发挥作用，促成优质教育的实现！

就连美国国家研究委员会（2001）也认可获取高层支持的必要性："管理层的态度和支持对提升学校教育质量起着至关重要的作用。"

外展服务

教育既不始于教室，也不终于教室。因此，学生的主要接触人也应该参与到教育中来。好的教育项目有一个标志，即教育规划能一以贯之地落实到所有环境之中。

学校有必要与家长保持持续沟通。我们建议：

1. 日常沟通。老师以友好的方式书写沟通日志，把学生当天的行为和学习情况传达给家长。

2. 每月家校沟通会。学校教职员工每月与家长会面，总结过去一个月的教学情况，并确认接下来的教育教学目标。大家可以利用这个机会来评估教学方案的有效性，增进家校沟通，提升干预的一致性。家校不一致的干预将严重破坏教育的有效性。

3. 每月家长培训会。培训可极大地提升家长的技能水平。它不仅能增进教学训练的一致性，也能帮助家长提高认识、增长技能，从而更有效地引导教育孩子。受过培训的家长往往还能顺带解决孩子的进食、睡眠和如厕问题，帮助孩子成为适应性更高的学习者。

这样的外展服务将有力地推动家校合作，减少对抗，避免产生各种棘手的问题。家长在受过培训之后，也会跟老师一样，更加得心应手地处理问题，不再那么无助和无望。克拉克县联合学区副主管查琳·格林总是这样提醒我们："信息不归我们所有。我们应该把它分享给所有的人！"（Freeman, Green, Leaf, Sperry, Waks & Weatherly, 2002）

协作

要让学区内所有人都意见一致几乎是不可能的。大家的方法和理念不同，就必然产生碰撞冲突。但我们应该尽可能减少冲突，把能量用到开展有建设性的工作方向上去。采用统一的理论框架有助于建立共识、齐心协力。培训是建立共识的重要一环，也能帮助工作人员理解如何参与到学生的教育之中。外展服务则为家长和学区之外的人员提供了同样的机会。我们要在整个学区建立起团队合作的意识，保证个体的日常工作不会妨碍团队目标——即提供优质教育——的实现。积极解决争议、主动促进合作应该成为团队成员的主要相处之道。有了坚定的团队意识，就算冲突真的发生，我们也更容易"求同存异"，因为在根本的大方向上我们是有共识的，除此以外的事就不那么重要了。

组织有序

再好的学区也会毁于组织无序。当工作人员被本职之外的事情拖住而无法履责的时候，教育成果会受影响。当工作人员不了解政策和理念的时候，教育成果会受影响。当工作人员之间缺乏或完全没有沟通的时候，教育成果会受影响！

我们常常看到，那些最有才华的人陷于毫无成果的 IEP 会议不得脱身，或不得不在各个学校之间奔走救急。他们的才华无疑是被浪费了。也许你也经常看到，某位优秀的老师被安排了太多的学生，这些学生非常难带，需要投入大量的时间和精力，可她却没有足够的资源来完成她的工作。因为其他人的能力不够，所以这些优秀人才承担了最困难的任务。但这种安排不仅不能解决问题，还虚耗了学区最宝贵的资源。这些好老师当初带着对孩子的爱和卓越的才华进入这个领域，但渐渐发现自己徒劳无功，提供优质教育的理想遥不可及。于是他们早早抽身，到其他领域去追求他们想要的成就感和被人赏识的感觉了。这实在太可惜了！！！

可叹老师们从事着改变他人人生的重要工作，却拿着与之不相匹配的工资！况且，他们还必须承受巨大的压力、无端的指责和赤裸裸的人身攻击。他们远不止负责一个学生、一项 IEP！他们还经常要应付心怀不满的家长和针锋相对的律师。家长应该充分地理解和支持老师。敌对根本不会让老师变得更好，只会妨碍孩子的教育。

学校管理层同样也应该给予支持。让员工去接受多方面的培训，给他们充足的资源，也给他们足够的时间去准备所有必需的活动！而最重要的一点，或许是管理者必须认识到，老师的成长蜕变、老师能发光发热是一个漫长的过程！

组织须知

- 采用一致的方法：培养专业技能和一致性
- 提供早期的持续培训
- 全校所有员工统一思想
- 给家长和社区提供外展服务
- 所有人团结合作
- 组织越有序，教育质量越高

第四章

好课堂的标准[①]

好课堂是由很多因素共同促成的。首先，教师和教学辅助人员对课堂质量起到了关键作用。再者，如前所述，管理层——从学区主管到校长——的支持也非常重要。在观察一堂课的时候，我们可以从以下几个方面来判断其质量的好坏。

强化的使用

可用强化物的质量，或许是让学生和老师成功的最重要的因素之一。"好"的课堂会有广泛而优质的强化物（Lerman, Kelley, Vorndran, Kuhn & LaRue, 2002; McKerchar & Thompson, 2004）。这没什么好意外的，因为强化的作用就是提供动力、促进变化。如果工作人员对强化持抗拒态度，那么情况大概不会太妙。

工作人员之所以抗拒使用强化，往往是因为旁观了他人对强化的误用以及他们自身对强化的误解。他们通常认为学生本就应该在没有强化的情况下保持行为得体、好好学习。但是，如果学生不需要强化就能好好学习，他们根本就用不到特殊教育服务了。而且，不管你有没有意识到，强化就在日常生活中自然存在着。所有人都需要强化，只是需要多少、需要何种强化的问题。对于有特殊需要的个体，我们不能想当然地使用强化。就像给糖尿病人的特殊饮食一样，我们对强化的使用也应该慎之又慎。

事实上，普通的课堂常规中处处都有潜在的强化物。只不过它们往往是非依联的，因此在使用中并未发挥最大的效用。当队长、去喝水、给老师跑腿、得到额外的休息时间、可以自由活动……这些都可以用作强化物，而且几乎不费事。事实上，多数课堂都会有自己的依联管理制度。常见的一般是"反应代价制度"（response cost

---

[①] 本章作者：罗恩·利夫、里克·施罗德（Rick Schroeder）以及利蒂西娅·帕洛斯–拉富斯（Leticia Palos-Rafuse）。

systems），即不恰当的反应可能导致失去特权、被警告或其他消极后果。与之相比，大家似乎不那么重视积极的激励制度。而我们需要的是一个更系统化、更倚赖积极强化、总体而言使用率更高的强化方法。需要注意的是，不要对学生所接受的强化量妄加评判，有些人就是需要更多的强化。

在最初，也可能很长一段时间里，学生需要很高的强化率，或需要更多有形的、人为的强化（比如小玩具、贴纸甚至食物）。渐渐地，随着他们越来越熟练地掌握目标技能，越来越不费力地完成任务，这种强化就需要逐渐撤出。我们的目标是最终可以尽量自然地提供强化，就像在普教课堂里给普通孩子的强化一样。当然，实现这个目标可能需要一些时间。

好的课堂内容不仅会有大量的强化，还能正确地使用强化。强化的有效使用离不开系统化应用。以下几点可能是强化使用中最重要的因素（Leaf & McEachin, 1999）：

1. 强化物应具有强化作用

"哦，那个学生不喜欢强化物"，想必你也听到过这种说法。说这句话的老师，一定是没有找对强化物。从定义上讲，无论是玩具、活动还是与另一个人在一起，用来作为强化物的东西，一定要有足够的激励性，能引发行为的变化。强化物的选择取决于学生而不是老师。如果学生对你所使用的强化物没有表现出高度的兴趣，没有表现出些许积极的情绪反应，也没有主动争取，那么，十之八九，它并非真正的强化物。

2. 强化应具有依联

依联是正确使用强化的精髓。这意味着儿童只有在表现出目标行为的时候才有机会获得强化物。也就是说，当不恰当行为或破坏性行为发生时，他们是得不到强化物的。

儿童应该完全清楚他们需要做什么才能得到强化物。当我们作为咨询师在教室进行观察的时候，如果无需向任何员工打听，就能轻易看出学生必须做什么才能得到强化物，那么，我们可以肯定他们使用的强化是有依联的。这种依联应该是任何观察者（比如，食堂工作人员、家长、校长）都很容易看出来的。如果连我们都看不出来，学生就更不可能理解行为和强化之间的关系了，想必该强化物也不能持续而一致的使用下去。

3. 强化物应多样化

讽刺的是，强化物的强化作用会随着每一次的使用不断减损。这被称为强化物餍足。想想你自己听新 CD 时的感受。第一次听，你激动极了，一遍不够，还想再听一遍。但是，每次听完，想要再听一遍的感觉就会减少一些。一段时间以后，你甚至可能完全失去兴趣，把它收到架上不再打开。如果课堂中整天只用有限的几种强化物，那么它们很快就会失去效用。为了延缓餍足心理的出现，强化物应该丰富多样。这样，一天里就可以轮番使用不同的强化物了。

4. 持续开发新的强化物

寻找新的强化物应该是一个贯穿整个学年的过程。因为学生迟早会厌倦现有的强化物。如果你发现学生对新物品没什么反应，不要急于放弃，把它推销出去！展现你对该物品或活动的热情，引导学生发现其中的好玩之处。将新物品与现有强化物相配对，直到学生足够熟悉新物品并真正喜欢上它们。哪怕最厉害的强化物，也可能需要慢慢渗透，让学生一点点接触、熟悉，明白使用方法，再开始喜欢并想要得到它们。

不要让学生过分依赖他们最喜欢的那几件东西。确保他们在获得最偏好的物品的间隙，始终能够尝试其他东西。他们越钟情于某个物品，我们就应该越少将其用于强化，以免他们对强化物的选择过于偏狭。

在选择强化物时切忌随意。很多时候，学生可能还没来得及发现物品的有趣之处，就直接拒绝了。即便遭到拒绝，也请你再坚持一分钟，试着推销，让他们看到你乐在其中，也明白你不会马上换掉它。太快接受学生的随意拒绝，实际上是在强化他们的草率和挑剔。

5. 将社会性强化物与有形物品相配对

有些学生会觉得表扬或社会性接触不足以激励他们去学习恰当行为。但发现社交的价值和乐趣对所有学生都很重要。他们能不能接受更加自然的强化物，就在这关键的一步。一个解决方法是将社会性强化物（比如，表扬、挠痒痒、击掌、竖大拇指）和有形强化物（比如，玩具、活动、特权、零食）搭配使用。这两种强化物的搭配程度越高，社会性强化物的作用也就越强。

6. 使用与年龄相称的强化物

我们应该找与孩子年龄相称的东西来做强化物。有些年龄较大的孩子痴迷于婴幼儿的玩具、视频、音乐、书籍或电影，但如果把这些东西当强化物，不免有损他们的尊严。如果孩子继续保持这样的兴趣，也多半会让人瞧不起，并因此而失去潜在的交友机会。而且，如果总是不接触更为适龄的强化物，他们很可能没有兴趣与玩这些玩具的同龄人为伍。最后，如果总是使用与年龄不相称的强化物（也包括各种教学材料、衣着等），我们会觉得孩子还小，会无意识地用偏幼稚的方式对待他们，降低对他们的期待。这种消极的心理暗示最终会限制孩子的发展，从根本上说对他们既不尊重也不公平。

7. 一开始，强化应即刻发生

为了给恰当行为建立起牢固的强化依联，每次发生恰当行为时，我们应该在行为表现出来的那一刻立即施以强化。这样可以最大限度地帮助孩子理解恰当行为与强化之间的依联。研究证明，即刻强化能产生最高的行为改变率（Grindle & Remmington, 2002）。一旦学生理解了更为复杂的依联，我们就可以开始逐渐撤出强化了。

8. 撤出强化不宜拖延

虽然高水平的强化在一开始必不可少，但它也需要快速过渡到较为自然的水平。在撤出强化的最初阶段，这可能意味着学生每出现两到三次的恰当表现才能得到强化物。再晚些时候，可能是开始使用代币制。逐渐撤出强化还意味着尽可能快速地转向更为自然的强化物。对有些学生来说这种转向能够快速实现，因为他们对表扬和社交活动之类较为自然的强化物感兴趣，甚至就单纯地喜欢学习。但有些学生却要用更多的时间，通过初级强化物和社会强化物的配对，慢慢过渡到自然水平的强化。此外，还有些学生可能始终需要一定水平的人为强化才能保持进步。即便如此，设法撤出强化这一目标始终不变。

9. 一开始，命名被强化的行为

在教新行为时，要让儿童学会识别正在被强化的行为是什么。我们可以命名正在被强化的行为（比如，"坐得很好""你能保持冷静，真好""看这里，真棒"之类）。行为命名越清晰，孩子就越容易理解行为与强化之间的联系。而且，在我们提供纠正性反馈时，孩子也能更快理解具体哪里做得不对（比如，"你没有坐好""你要看这里"等）。研究显示，指明依联可以让孩子更快地区分期望行为与非期望行为。

10. 使用差别强化

我们可以根据行为质量的高低，分别给予不同水平的强化。学生的反应和行为表现除了有"对""错"之分，还有质量高低之别：有的极好，有的还不错，有的相当一般。更为优秀的表现理应得到更多数量（比如，得到更多或玩更久）或更高质量（比如，偏好度更高的物品）的强化。在开发出多种强化物以后，我们可以按照驱动能力将它们分成不同的等级。大致可分三级：A 级 = 最高兴趣，B 级 = 中等兴趣，C 级 = 较低兴趣（但仍具有强化作用）。最佳的反应和行为表现可获得 A 级强化物；质量稍低的反应和行为可得到 B 级或 C 级强化物；最后，糟糕的反应和行为得不到强化，而是给予纠正性反馈。

系统的行为方案

要纠正行为问题从而提高学生对学习的回应，就必须制定并实施细致的行为方案。工作人员自然必须训练有素，才能有效实施方案。他们必须知道破坏性行为一旦发生应该如何恰当应对，即我们所说的"反应性行为训练"。更重要的是，工作人员要完全了解并愿意实施系统、综合的方案来教授替代行为，让学生学会以恰当的方式满足自身的特殊需要，也就是我们所说的"主动性行为训练"（Thompson, Iwata, Hanle, Dozier & Samaha, 2003）。

实施系统化行为方案的必要性似乎是显而易见的，但我们的教育往往偏重学业技能而忽视行为方面的需要。太多时候，我们根本没有制定行为方案，甚至连对此的讨论都没有，以至于当破坏性行为发生时，工作人员不得不"随机应变"。由于缺乏准备，他们多半会做出无效的反应，有些反应甚至会助长破坏性行为。他们可能很情绪化，给孩子以消极关注，不但无法遏制破坏性行为，反而还起到强化作用。他们也可能将孩子排除在活动之外，却正遂了孩子的心，强化了他们的回避行为。结果，教育的有效性被大大削弱了。

有时课堂上工作人员在处理行为问题时将重心全部放在后果的施予上，没有教孩子任何替代行为。这往往会让孩子发展出新的破坏行为来取代已被消除的行为。让孤独症孩子自己悟出该以哪些方式满足自身需要是不可能的。我们要精心设计主动性方案并有系统地教育孩子，帮助他们发展出恰当的替代行为和技能。如果我们不能积极主动地教授替代行为，那么，孩子学会独立适应社会的可能性微乎其微（Leaf & McEachin, 1999）。

除了制定系统的行为方案，工作人员在实施方案的过程中还必须保持一致，不仅在学校是这样，与家庭之间亦然。所有人员都应该熟知每一位儿童的行为方案。一位工作人员正在努力减少的行为不能受到另一个人员的强化。工作人员之间的不一致只会模糊强化与恰当行为之间的依联，增加儿童的困惑，影响行为目标的实现。一句话，一致性对积极的行为变化起着至关重要的作用。

持续教学

每一天、每一秒都很珍贵。为了让学生尽可能弥补差距，我们要合理利用休息时间。在上校车去学校到下校车到家的这一整段时间里，学生都应该接受有意义的教学。连校车司机都是教学团队的一员！即使回到家后，学习也必须继续。

在干预的早期阶段，儿童是经不起长时间放假中断学习的。否则，他们不仅无法取得必要的进步，难以发展潜能，还会有明显的退步！关于退步，我们在《不得不说：孤独症行为治疗是与非》中有比较深入的讨论。

你会经常听人说孩子需要休息以缓解压力。这一常见观点是经不起推敲的。关于密集干预的研究清晰地表明，儿童不仅能忍受高度结构化的东西，还恰恰适合这样的东西。反而是他们的休息时间充斥着不恰当的自我刺激行为。就像我们不希望酒鬼利用闲暇酗酒一样，我们也不能让孤独症孩子有时间自我刺激。何况他们还有那么多东西要学。他们已经落后太多，没时间可以浪费。

为了抓住每一个教学时机，老师必须持续工作。除了持续教学，他们还需要时间做准备、查看数据和进行团队沟通。老师用来做计划的时间总是不够，他们不得不这里挤几分钟、那里挤几分钟，才能和同事匆匆聊上几句。但团队计划非常重要，我们必须把它列入工作日程好好规划，而不是仓促了事或为此牺牲宝贵的教学时间。

综合规划

我们要教育的是一个完整的孩子！语文数学固然重要，其他领域也不可轻视。将社交技能训练纳入教育计划至关重要。良好的社交技能将大大提升学生的生活质量。当孩子与他人建立起有意义的友谊关系时，孤独感会减少，幸福感会增加。我们发现，拥有重要友谊关系的孩子较少寻求消极关注，他们会用恰当的方式来满足被人关注的需要。发展社交技能还有其他方面的好处，比如，提高语言技能，因为交往中会接触到他人更自然、更恰当的沟通示范。此外，一旦获得友谊，同伴压力就会成为孩子控制行为问题的有效工具。我们常常发现，当学生开始真正在意同学对他/她的看法时，破坏性行为会戛然而止。

教育计划还应该包括游戏和休闲技能的培养。学会游戏技能同样能极大地提升生活质量，也同样兼有其他好处。游戏技能是社会化的一个重要部分。恰当的游戏活动还可以有效替代孩子的刻板行为。

好的教育规划还必须解决自理技能方面的问题。儿童的卫生、饮食和如厕技能也应该被纳入教育课程之中。发展良好的自理技能有助于提高独立水平，大大改善孩子的生活质量。等孩子稍大一些（但别太大！）时，我们要着重发展日常生活技能和社区融合技能。再过不久（比我们预想得快得多），我们就要开始发展职业技能了。

自然干预

虽然好课堂离不开系统的规划，但员工的教学方式必须力求自然。教学太过刻意就会不自然，不自然就会产生很多负面影响。干预越自然，就越能顺畅地实现技能的泛化。因为学生在生活中遇到的大部分场景是比较随意的。如果接受的训练太过机械，他们就很难应对真实的场景。所以，只要可能，我们希望学生能在限制较少的教室中学习、活动。在这样的班级中，老师更倾向于使用比较自然的语言，而较少有念稿子的味道。我们要让学生多听偏自然的语言。这样，当遇到说话自然的老师时，他们的表现才不会突然变差。

自然干预的重要性在于它可以示范更为恰当的语言。当员工使用较为刻意的语言时，学生也会模仿这种语言。这种干预显然是不自然的。我们当然明白，对语言发展正常的儿童所使用的说话方式并不适用于所有孤独症孩子，在使用自然语言时，也必须有系统地推进。但员工始终应该挑战极限，只要不让学生感到挫败或学习无法推进，都不妨一试。要注意你所表达的想法必须是连贯的，除此以外，尽可大胆变换你的表达方式。

一对一教学、小组教学和大组教学的平衡互补也有助于学生发展在限制较少的环境中需要用到的技能。"最少限制"的教室环境中很少用到一对一教学，它们提供的主要是大组教学和一部分的小组教学。如果教学目标是让学生有意义地参与到较少限制的课堂之中，他们就必须能在集体环境中保持恰当的行为、专注于课堂内容并做出有意义的反应。

好课堂的其他指标

1. 有每日教室时间表并严格遵守。

2. 为每个学生做好日志记录，内容包括客观的行为数据、课程资料、行为方案和个别化教育计划。

3. 教学和游戏材料整理有序，方便员工和学生取用。

（注：如果学生有抢夺材料的行为，那就要教他们不要这样做！）

4. 教学材料，包括墙上的图片和海报，都与学生的年龄相称。

5. 游戏区、中心区和小组的划分清晰而自然。生硬的隔断会让学习环境变得沉闷、不自然，也不利于泛化。

第五章

好老师的标准[1]

多年来,我们有机会观察到了许多优秀的老师。虽然很希望有科学研究帮助我们识别高效能老师的特征,但我们终究还是要仰仗自己的切身经验。而且,这种经验也不是非黑即白的,黑白之间有很多浓淡深浅。但我们还是从优秀老师身上,总结出以下7个与高效能相关的因素。

善于接受

老师在孤独症方面见多识广或只是新手而已,其实是无关紧要的。重要的是他们是否善于接受变化。因为我们会提供一些新信息以及看待老问题的新思路,也会给出一些建议,要求员工考虑做出改变。如果他们总是心怀戒备,不思改变,那么我们的培训就很难产生效果。就像在体育赛事中,那些最能接受教练教导的人才会有最佳、最可靠的表现。

讽刺的是,那些最有经验的人往往是最难培训的人!

这并不是说我们反对员工质疑我们的建议或持有不同的理念。事实上,质疑和保持怀疑态度,既是相当合理也是非常值得鼓励的。它是消除隔阂、阐明事理、解决问题的唯一途径。如果老师能开诚布公,将自己对建议的疑虑和盘托出,当然再好不过。因为这样做可以澄清困惑,也帮助我们调整建议,使之更切合课堂的实际。我们这里强调的,是老师要对变化保持开放的态度。

---

[1] 本章作者:罗恩·利夫、里克·施罗德以及利蒂西亚·帕洛斯-拉富斯。

有系统

老师要系统地进行规划，才能实现有效的教学！为每个孩子制定合理的目标、为这些目标制定详细的教育计划是非常重要的（Fantuzzo & Atkins, 1992）。如果老师总是即兴发挥，那么学生快速实现目标的可能性就极其渺茫了。除了详细的教学计划，综合的行为计划也必不可少。老师必须知道学生出现某个行为问题时自己该做些什么。更重要的，他们还必须积极教授替代行为和技能。

每一天都必须安排得井井有条。每一分钟都要好好计划、有所收获。课间、点心时间，甚至进教室的那一刻，都可以成为重要的教学时机。每一次机会都不容浪费。为了做好准备，老师必须提前为每个教学目标设计充分的教学场景，知道采用哪些教学策略以及使用哪些行为后果。哪怕是随机教学也需要认真计划。只有这样，我们才能充分利用一天里出现的所有教学机会。对于每一个教学时刻，我们需要快速做出分析，判断教学目标可能达成的情况以及现场需要做哪些调整。充分的数据收集也必不可少，据此可以掌握长期趋势、记录学生进步，从而判断教学策略的有效性。如果目标达成，老师就知道教学正朝着正确的方向前进，学生也可以开始学习后面的步骤了。如果数据显示学生未取得进步，那老师就需要做出调整。

适应性强

虽然系统性很重要，但灵活性也必不可少。这听起来似乎有些矛盾，但实际上并不。这意味着你要有计划，但必要时你也愿意迅速改变计划。为了充分满足学生的需求，老师不应过分执着于某个计划或方法而不愿进行必要的调整。

对课程的全面把握有助于老师提高适应性。老师应该有能力快速调整教学方案。如果学生显然已经掌握了目标技能，那么老师要知道下一阶段要做什么。反之，如果学生反复失败，老师就要懂得如何退回到之前的步骤。

老师也要有能力并愿意改变教学策略。他们应该能提高或降低所用语言的复杂程度，变换强化方式，提高或降低结构化程度，等等。好老师决不会作茧自缚，他们愿意做出改变以更好地服务学生。

客观

要成为高效能的老师，就一定要保持客观。这不意味着冷淡或冷漠！而是说一个人必须依靠理性而非感性来做决定（Fantuzzo et al., 1992）。我们喜欢谁，就会觉得谁好，哪里都好，这是人类的天性。但它可能会让我们看到实际上并不存在的进步。相反，如果我们不喜欢某个学生，即使他有了进步，我们也可能视而不见！推荐三个保持客观的方法：（1）收集数据；（2）对事不对人，不要将学生的行为或动机上升到个人品性的层面；（3）不要依赖学生给你的回应。

有趣

临床研究显示，预示客户心理治疗取得成功的最佳指标，是客户与治疗师产生了联结。也就是说，为了能被带入治疗过程之中，客户必须尊重和喜欢治疗师（Emmelkamp, 1988）。老师和学生之间也是如此。我们最喜爱的老师、对我们影响至深的人，都是与我们联结最深的人。学生如果喜欢老师，就更可能表现出比较恰当的行为并认真学习。但如果他们与老师没有产生联结，老师的想法对他们的影响就会小很多，他们也不会特别想和老师待在一起。

有人会问，学生好像没兴趣与我建立联结，作为老师，我该怎样与他们建立联结呢？答案是学生的兴趣爱好。老师如果能多与学生相处，发现学生喜欢和不喜欢的东西，就有机会通过它们与学生建立联结。最初，老师应该利用学生偏好的活动、玩具、音乐和游戏之类的东西。只是将这些东西呈现给学生，就可以打开联结之门。接着，老师可以成为玩伴：在学生把玩偏好物品时进行友好互动，对学生正在做的事表示兴趣，分享物品的不同用法，一起参与整个活动并乐在其中。多次之后，学生就可能比较愿意接近老师，和老师一起来玩这些物品。

创意可以助你一臂之力。即使最内向的孤独症孩子，内心某处也藏着一点幽默感。我们的任务是找到那个所在，用幽默引导孩子开口。表现夸张、制造悬念有助于和孩子建立联结。搞怪和玩笑也很有用。最重要的是，我们不应该轻易气馁或放弃。很多次，我们看到老师的方向其实是对的，只是走得不够远而已。这可能是因为他们缺乏信心，怕自己的努力得不到回报，也可能是因为学生反应冷淡。不管怎样，老师要相信，只要你带头，学生就会跟上来。勇敢带起来！

专业

老师是课堂的船长，也是其他员工和学生的行为楷模。每一天应该如何度过，老师为其他员工、学生和家长定下基调。如果老师缺乏领导的能力，无法起到支持和引领作用，那么课堂连每日常规恐怕都很难始终如一地加以执行。那些课堂井然有序又卓有成效的老师有一个共同特征，那就是他们具有高度的职业精神和专业水准。我们可以从守时、着装、沟通和态度这几个方面区分两种老师：一种老师让工作环境变得舒适宜人，另一种老师则任由环境混乱、压抑并最终影响教学的效果。

我们自己守时，就是在给其他员工树立榜样和标准。我们不仅准时上班，也及时结束课间休息和午餐，准时返回教室。一天之中，随着课程和活动的自然转换，老师、员工也会相应变换。此时正是一些学生的行为容易出现挑战的时候。因此，员工应始终准时到岗，避免扰乱班级作息或常规秩序。此外，每天的活动安排也要有固定的时间表。最有条理、最有成效的班级往往是那些根据学生的需要制定了每日时间表并始终遵照执行的班级。如果上课安排总是变来变去，会给人散乱无序和计划失当的感觉。

职业但又舒适的着装可以传达一种严肃又愉快的工作氛围。过于休闲的着装会消减教室工作的严肃性，也会让同事、家长和其他人误认为你对工作不够重视。外表绝对会影响别人对你的印象，我们希望你给人的印象是专业和敬业。

老师与其他员工及家长之间的良好沟通可以建立信任感和领导力（McVay, 1998）。老师应该能用积极有效的方式与其他员工沟通课堂的各种问题。行为或课程方案的任何变化都应该通知到员工，员工的表现也需要及时予以反馈。老师与家长的沟通也必不可少，因为孩子未必有能力将当天发生的事原原本本地告知家长。老师将信息传达给家长，家长就可以随时关注孩子的表现，并在家中步调一致地完成教育接力。

态度积极是特教班老师最重要的专业素养之一。以我们的经验而论，老师对教室工作的整体满意程度很大一部分取决于他们对行为障碍学生所表现出的态度。那些能直面挑战的老师，不管情况多难、多令人沮丧和无法忍受，都一心要让学生学会更多更好的方法来适应周围的环境，他们通常比较能够从教室工作中体验到满足感。当然，老师也难免会因学生的行为而气恼。处理这种情绪最好的办法是保持积极，寻找更有效的策略，让学生学会恰当的替代行为。这样，不仅学生会有进步，周围人也会用更积极的眼光看待他们。

平衡

虽然我们鼓励老师将这些优秀品质融入他们的教学风格之中，但如果他们企图促成太快、太多的变化，也会给课堂带来负面的影响。那些将课堂管理得特别出色的老师，会给自己和员工设定适度的目标。这些目标不仅是可以达成的，也能在比较合理的时间内完成。也就是说，他们比较容易取得成功。在积累了越来越多的成功之后，老师也越来越容易做出积极的改变，让学生和员工都从中受益。

最后要说的是，我们遇到过很多优秀、敬业的老师，他们把课堂管理得特别好，却感觉挫败，对自己的工作很不满意。这主要是他们在响应咨询师的建议、家长的意见和要求时用力过猛所致。当咨询师和家长遇到能虚心接受意见且必定一一认真落实的老师时，会忍不住接二连三提出更多的建议。问题就这样产生了。有些才华横溢的老师和员工甚至因此而放下本职，选择去做压力更小也不太费时的工作。在这一点上，我们要有所警醒。有些老师已经不堪重负，有些老师来者不拒却勉力支撑。切莫再去雪上加霜。看到他们为学生和员工尽职尽责，请务必给予鼓励，肯定他们每一天所促成的积极变化（White, 2004）。

第六章

确定最佳的安置方式并发挥其作用[①]

　　学生应该被安置到哪里，不是一个简单的决定。正如之前谈到过的，我们不认为所有儿童都应该被安置到融合环境中。同样，我们也不认为所有学生都要被隔离安置。简单地说，安置方式的选择应该考虑什么样的班级能给孩子提供最好的教育机会，满足他们的需要。在此基础上，再平衡考虑融合所能带来的社会效益。即便如此，这种选择也很少是明确无疑的。它是一个基于多因素的复杂决定。

　　学生的行为、技能水平和学习方式应该是决定教育安置的最主要的考虑因素（Leaf, McEachin & Taubman, 2008）。想要充分吸收融合安置在教育和社交方面的益处，学生需要具备行为控制能力（Simpson & Myles, 1996）。比如说，如果正在考虑学生的融合安置，那么教育团队要考虑的主要标准就是该学生有没有外显的破坏性行为，如大吵大闹、自残和不合作行为。学生有没有控制这些行为的能力，关系到教育安置——尤其是各种融合安置——的成功与否。这一点是毋庸置疑的。但除此以外，还有一些比较微妙的行为，因为不会干扰到别人，所以很容易被忽略，但它们同样会影响教育安置的效果。如果不仔细观察，我们可能很难发现这些正在悄然发生的行为，比如，内在的自我刺激、注意力不集中以及消极抵抗。

　　想象一下，在圆圈时间，学生端坐在那里，似乎很认真地看着老师和眼前的活动。他的行为控制看起来相当不错，让坐多久就坐多久，也在注意听课。但如果你去测试或提问一下课堂内容，学生却不能恰当回答，那就有问题了。外在表现是有欺骗性的。很多孩子表面上行为控制能力不错，实则并未接收课堂信息，根本没在学习。记住，学习是一个积极主动的过程，而非消极被动的经历。仔细观察，我们或许会发现学生显然沉迷于内在的自我刺激，思绪游离于十万八千里外。这样的孩子已经学会用端坐、低调和安静来掩盖自身的技能缺陷。他们不那么引人注意，但恰恰是需要最高水平干

[①] 本章作者：罗恩·利夫、乔恩·拉富斯（Jon Rafuse）。

预的人。他们可能也不太适合完全融合的安置方式。

此外,被考虑融合安置的学生还必须有学习、社交和学业方面的诸多技能。除了行为控制能力,学生还必须能理解教学内容并有相当的吸收能力。学生必能适应集体教学,理解并运用环境线索,能足够快速地掌握学习内容以免日后越来越跟不上。也就是说,我们只需要做适度调整,他们的学习在本质上与同伴还是一样的。

关于安置的决定当然不是非黑即白的。让这一决定变得更加复杂的,是我们还必须考虑成人的因素。在理想的世界里,学生的安置是不需要考虑这些因素的,但我们的世界并不完美。因此,教学团队(包括老师和配给学生或教室的辅助人员)所受培训和他们的技能水平就成了重要的现实考量因素(Horner, 2000; Kamps, 1997)。

教师

成功的安置离不开好的老师。他们不仅有必要的技能,也乐于接受这些在学习上有种种需要的学生。遗憾的是,即使是在同一所学校的同一个年级,师资力量也会有巨大的差异(Helps, Newsom & Callias, 1999; McVay, 1998: Olley & Rosenthal, 1985; Reynolds, Martin-Reynolds & Mark, 1982)。如果必须从以下两个安置选项中做出选择:(1)教室条件完全符合学生的行为和技能水平,但管理教室的老师比较保守或经验不足;(2)教室的课程内容和能力要求不是很适合学生目前的水平,但有一位热情、积极、能干的老师。我们会选择后者,因为好老师胜于好课程。同样地,如果有两位老师,一位经验丰富,另一位对教学过程持开放态度并乐于合作,我们也常常选择后者。

独立的特教教室拥有比融合环境更强的师资、更贴合学生需要的课程,已经不是什么新鲜事了。也许把学生安置在这样的环境中(虽然严格说来这种环境是比较有限制性的),在最强、最开放包容的教学团队的教导之下,学生反而能以最快的速度进步。

不妨以职业棒球球员的安置做个类比。在职业生涯的起步阶段,球员比较容易从小联盟的比赛中获益,因为他们会接受符合他们技能需要的个别化密集训练,并且只需要面对水平相当的竞争。虽然小联盟代表的是比较有限制性的环境,但球员在那里磨练了技能,这些技能会让他们在冲进大联盟后有更出色的表现。即使在以后的职业生涯中,球员也还有可能回到小联盟重修再造。同样的道理,特教教室可以提供学生需要的个别化教学，帮助他们成功转向融合教育并更加充分地吸收融合教育的益处。

那么，假如特教人员的教学技能没那么好，又如何呢？如果特教老师没有受过恰当的训练，那么她的方法很可能会阻碍学生的进步。有时，特教老师也会拒绝改变，坚持使用无效的技术和策略。如果是这样的情况，那么普教课堂中的老师也许会更胜一筹，哪怕这个学生还没有完全具备我们所希望看到的技能和行为特征。

此外，学生在学校还会与其他专业人士打交道。这其中包括单独配给某个学生或配给整个班级的教学辅助人员。与教室的主管老师一样，这些专职辅助人员也需要通过培训和训练学会正确运用有效的教学策略（McVay, 1998）。教学辅助人员对学生的影响往往比老师的影响还要大。除了教学辅助人员，学生还会接触言语治疗师、作业治疗师、资源教师以及其他的服务提供者。这些专业人员中哪怕有一位的技能不足以推进学生的行为和教育目标，都会明显地影响孩子的进步。

教育者的教学方式是否匹配学生的需要及个性也是需要考虑的因素。老师的个性有很多维度，老师与学生的互动方式各不相同，老师的教学方式也多种多样。以下因素关系着老师能在多大程度上影响学生的进步：

- 有些学生（比如消极被动的学生）在活泼的教学方式下学得更好，但有些学生（比如经常躁动不安的学生）更适合比较安静的方式。
- 有些学生需要相当结构化的教学，但有些学生更受益于灵活多变的方式。
- 老师如何处理行为和控制问题也很重要。有些老师比较有权威，这种权威性在教学中也许不可或缺，但有时温和宽容的态度很可能更胜一筹！
- 老师所用语言的复杂程度也是一个重要因素。有些老师比较话多，一方面，这可以是极好的语言示范，另一方面，它也可能让学生不堪忍受，无法专心学习，从而影响教学的效果。
- 老师的语音语调也会影响学生在教学中的反应。
- 由擅长社交的老师来教害羞和不擅长社交的学生，效果会更好。
- 攻击性强的学生，最好由胆子大的老师带。
- 有些学生需要结构化的常规和大量的课前准备才能达到最佳的学习效果，但有些学生更适合鼓励独立和自我管理的教学方式。

给学生匹配一定风格和个性的老师可能是无法做到的，也很难说什么样的搭配最为理想。但是，我们所记录的有关学生行为和进步的数据可以成为判断师生相容度的一个有力指标。我们还可以据此判断现有的安置方式应该得到保持还是加以改变。

老师的教学能力只是决定学生安置方式的众多要素之一，老师的态度也很关键。我们知道，教学的有效性与师生关系密切相关。如果老师不愿接受某个学生，那么，无论她受过什么样的培训、技能水平有多高，都不会成为这个学生的好老师。

老师对孤独症儿童的期待也很重要（Helps, Newsom & Callias, 1999; McVay, 1998; Olley & Rosenthal, 1985; Reynolds, Martin-Reynolds & Mark, 1982）。她是相信孩子可以进步，还是相信孩子的未来无法改变？那些相信并期待学生可以进步的老师更可能看到学生的进步！过往经验是形成期待的重要基础。显然，如果老师有过良好的融合教育经验，那么她会是一个特别合适的融合老师人选。

有时，我们会遇到这样的融合老师：他们很能干，该知道的也都知道，可他们不想让特殊需要学生到他们班上去。他们往往会说，如果想当特教老师，当初我就学特教了！他们会有这种态度，几乎与学生没什么关系，也不是因为他们有过这方面的消极经验。他们也许是被一些传闻吓到了，担心特殊需要学生会给班级增加额外的负担，比如：开不完的会议，一个学生就占用太多时间，会干扰其他学生学习，等等。他们必定听说过融合教育工作会带来巨大的压力。他们害怕果真要在"显微镜"下工作，也担心哪天会惹上官司。你还会听到他们抱怨说做这么高压的工作却只拿这么一点工资。持这种态度的老师，即便最后被迫接受了学生，我们倒想问问，你愿意把孩子交给他们吗？

行政管理层

行政性支持和行政管理层的态度也是影响教育安置的重要因素。如果校长和学区主管们乐于接纳特殊教育，他们就更有可能提供必要的资源和支持，从而实现成功的教育安置。

对学校教职员工的培训或许是成功安置的一个最重要的决定性因素。正如之前谈到的，员工必须接受持续的前期培训。而培训的质量和频率很可能是由行政管理层来决定的。因此，我们也必须对现场管理者（通常为校长）进行考察。和老师一样，如果校长对接收特殊需要学生缺乏热情，那么融合安置的结果可能会很糟糕。

和老师一样，管理者对ABA或孤独症的看法也可能来自于以往的不良经验、各种误解或相关培训的缺乏。与教学人员一样，管理者也需要接受灌输和培训，最重要的，他们也应该坚信这些方法和技巧的有效性。一个堪称典范的校长必须身兼数职，能管理好教室、学生、家长、老师、教育辅助人员以及学校的所有员工。

员工培训的重要性无论怎样强调都不为过。从上到下，从学区主管到校车司机、食堂工作人员、保洁人员，所有人都必须知道他们可以给学生怎样的影响以及实现这种影响的最佳方法是什么。

家长

家长在孩子的教育中也起着重要的作用。家长的支持与行政管理层的支持一样重要。就像老师必须乐于接受孩子一样，家长也必须乐于接受老师。当老师感受到来自家长的支持和理解，她对孩子的教学会更有成效。反之，如果老师觉得家长对她缺乏信任，那么这种感觉一定会对孩子的教育产生消极影响。

虽然我们希望老师免受纷扰，专心教学，但这肯定是不可能的。老师的工作已经够不容易的了。家长的配合对他们来说非常重要。即使与老师的意见相左，家长也仍要保持足够的尊重和理解。对抗不解决任何问题。我们的原则是，不管老师的能力再强、管理层再支持，如果家长方面剑拔弩张、针锋相对，那么最好还是给学生换一个安置方式。

正如我们一开始所说的，安置问题的解决不是非黑即白的，而是要经过很多考虑之后才能做出的复杂决定。我们必须权衡利弊得失，仔细斟酌各种可行方案。有时，我们需要打破常规，实现各种教育服务的有机融合，最大程度地满足学生的需要。教育安置也是一个过程：随着时间的推移，它会发生变化。学生在今年9月的需要与之后几个月的需要可能是完全不同的。同样，今年适用的安置方式到了明年可能就完全不是那么回事了！

第七章

什么是咨询，我们怎样做咨询[①]

提高人们对 ABA 的接受度

作为一家专业机构，我们经常因为各种原因被邀请去给现有项目做咨询。比较常见的原因，是现场协调者或管理者认识到他们的员工需要持续发展，学校在行为评估、教室干预计划制定、危机干预等方面需要支持。除此之外，也有一些咨询是因为学校被家长起诉了。

在前往现场与员工接触时，我们要明确客户寻求咨询服务的真正动机，因为它可能与声称的并不一致。另一方面，机构所设想的咨询目标与逐渐清晰的客户的实际需要之间也会有所出入。此外，我们所理解的咨询过程与在常见环境中真实展开的咨询过程也存在差异。比如，马滕斯（Martens, 1993）将行为咨询定义为行为评估与行为改变方法在教育环境中的应用。卡普兰（Caplan, 1970）进一步将咨询定义为客户为解决工作中的问题发起的，两个专业人员之间自愿的、非上下级的关系。这些定义暗示接受咨询的人是寻求帮助的人。但实际上，在与学区的合作中，大多数情况都不是这样的。提出咨询要求的往往是学校的管理层，接受咨询的人不一定是自愿进入咨询关系的。

有鉴于此，我们不要想当然地认为，既然别人找我们做行为咨询，那么咨询涉及的所有教育人员都会接受咨询师的存在与介入。这种想法太过天真。在很多情况下，咨询师将要面对的专业人员是抗拒咨询的。他们中有人曾经有过不愉快的咨询经历（比如：咨询师的态度过于严厉或冷淡，推荐的方法不太可行，等等），也有人从根本上就不认同行为干预，比如不认同回合尝试教学（DTT）的必要性。

[①] 本章作者：马琳·德里斯科尔、罗恩·利夫，珍妮弗·斯泰曾斯（Jennifer Styzens）以及乔恩·拉富斯。

以往的与 ABA 接触的经历

很多老师与 ABA 的初次接触要追溯到大学时代的心理学课堂。但他们接触的视频片段、干预实例和必读书目都较为陈旧，不能反映 ABA 的最新进展。他们看到的干预示范常常带一点惩罚性内容，对儿童不太友好。他们的教授对 ABA 的看法可能不是很积极，也多半将这样的观点传递给了他们。不幸的是，这种趋势在当代的本科生和研究生教育中依然流行。这些未来的教师们还没有机会亲自尝试 ABA 的方法或更全面地了解 ABA，就被这种歪曲的、不准确的认知所影响，早早失去了客观的判断。

进入教育行业以后，他们继续接受类似的言辞。有些宣传涉及行政性问题：ABA 不能在课堂里实施，ABA 的费用支出是天文数字；有些控诉指向临床，比如：ABA 属于实验性质，ABA 非常局限；有些说辞更为极端，比如：ABA 有害，ABA 会导致可怕的后果，等等。

他们可能被告诫说他们会因为 ABA 而不得不将无数时间浪费在培训和会议上。他们或许也听说准备教学材料，设计课时计划，安排时间表和填写每日、每月、每季度的数据表有多耗时间。这还不算，老师还需要学会提取数据并将结果应用到教学中去，还要给每一位学生制定个别化的教学方案……如此论调自然只会加深老师的顾虑，让他们担心自己不得不在现有教室、学生和同事之外耗费太多时间，影响正常的教学秩序。

除此以外，老师们还会相信自己将毫无隐私可言：咨询师、特教专家、学区受训老师和家长会一拨拨走进他们的课堂观摩 ABA 在学校环境的应用过程。最后，老师还担心自己千辛万苦到头来会被送上法庭接受审判。很不幸，这些担心并不纯粹是杞人忧天。

与 ABA "专家" 的接触史

火上浇油的是，ABA 的一些领袖人物的理念和说法也同样极端。他们声称学区和老师是敌人，在教室环境创设 ABA 项目是白日做梦。他们相信那样的 ABA 一定是劣质的冒牌货，认为老师们都不称职，完全不知道自己在做什么。他们宣称 ABA 无论如何都不应该出现在学校。让孩子好好在家待着！自己的孩子自己教！

老师与 ABA 服务提供者打交道的经历往往仅限于陪读的家庭教师或家庭行为专家。这些来访者通常并非专业咨询师出身。他们既没有与老师建立良好工作关系的意识，也没有这方面的经验或训练。他们常常不尊重老师的主场。他们贬低老师可能做出的贡献，轻视老师的想法，也不尊重老师的专业知识。

请想一想老师的教育和职业选择。他们接受了至少 5 年的大学教育和长时间的实习，才获得一纸证书。然后，他们决定将余生奉献给孩子。从始至终，他们都清楚自己未来只能拿到与付出完全不成比例的微薄工资。他们虽然没有 ABA 的专业技能，但教学经验丰富，可以成为非常宝贵的资源。

而教室里的来访者对于 ABA 应用往往只有有限的一点经验，对于如何将 ABA 成功应用到集体或班级环境，更是知之甚少。他们不理解教室、学校或学区管理的复杂性，更别说知晓县、州及国家政府在这方面的指导方针了。很多时候，这些来访者也几乎不理解个人与整个学校的同舟共济之道。

很多时候，那些试图给老师推行 ABA 的人，他们所信奉的那种 ABA 模式往往无助于泛化，也不重视发展集体学习的技能。他们对 ABA 的理解是僵化的，他们想在学校复制的是那种在家庭里实行的一对一模式。他们试图让老师去适应学生，像家庭治疗师那样工作。但教室 ABA 模式的目标应该是老师通过教学帮助学生发展技能，让他们能够从社会化的、动态的教室环境中获取最大的益处。可惜，这些人多半意识不到教室能提供如此大好的学习机会。

教室里的这些外来访客是如此狭隘和短见，难怪 ABA 得不到老师们的真心拥护，只是在败诉之后才不得已而为之。这些与 ABA 有联结的人就这样成了局外人，成了搜集罪证、与学校员工为敌的"间谍"。双方的对抗关系就此形成。这些访客往往只关心某个特定的孩子，老师在他们眼里简直一无是处。他们传递出这样的信息：老师在教育孩子方面无知且无能，无法积极地影响学生的人生。他们公然抨击老师。

老师的另一个担忧是孤独症学生会占用他们太多的注意力、资源和时间。这的确是老师必须面对的一个严酷现实。他们对班上全体学生负责，也关爱班上的每一位学生。他们看准了 ABA 会挤占大量本应属于其他学生的时间和精力。当 ABA 咨询师来到教室却几乎将所有关注都留给某一位学生的时候，他就很可能遭到老师的冷遇，因为老师会觉得这个过程将影响对班上其他学生的教学。

老师最终被迫或至少在心理感觉上被迫使用了他们不愿使用的程序。他们勉强使用那些听起来不自然的语言，教授那些他们觉得与学生发展水平不相称或没有意义的技能，也按照要求忽视他们觉得不该忽视的行为（比如攻击行为、无礼行为、干傻事等），却不理解这样做的道理。总而言之，他们被要求采用自己感觉别扭的技术和方法。他们努力遵照指示行事，因为他们被告知这是最好的做法。但他们之所以这样做，纯粹是为了避免对簿公堂。所有这些都将导致学校员工对 ABA 的极大不满。

妥协与坚定

虽然建立合作关系很难，但它终究是可以实现的。为了咨询的有效推进，我们需要全面考虑各种因素。首先，总体来说在咨询过程中都会遇到一定的阻力。咨询师的作用是评估和评价当前的学习环境及教学方式，让教学团队学会调整方法以更好地满足学生的个别化需要。这个评估过程本身就会给相关人员带来压力。为了准确地观察环境、有效地训练员工，咨询师必须首先和教学团队建立良好的关系。

培训师和有效的行为分析师之间是有差异的。只是让老师获得信息不一定能保证咨询的成功，而有效的行为分析师可以帮助老师理解特殊需要儿童的教育过程。老师必须理解程序背后的原理，能独立分析各种行为状况并自行决定如何上好某一堂课。

接着，咨询师要了解现场的历史、基本理念、以往的员工培训经历，评估他们对当前咨询的接受程度。如果双方理念不合，咨询师必须查明对方是否有过行为工作方面的不良经验，是执行出了问题，还是解释没有到位。

如果确实是过去经验导致的观念问题，那么咨询师首先要做的是给员工介绍当下的、有效的干预方法，解释各种技术背后的原理，让员工理解它们之所以重要的原因。我们必须拨开围绕行为工作的团团迷雾，让员工看到灵活的、儿童友好型的方法以及这些方法可以怎样切实应用到教室之中。

但是，如果员工所持的理念在本质上与行为教学完全相悖（比如：他们认为使用强化不合伦理，相信孩子应该不受引导、而要以自己的方式探索世界，等等），他们也不肯反思自己的观点，那就必须改变方法。参加培训的员工要么转变思想，愿意（或允许团队中的其他成员）学习更多的行为技术，要么退出培训，由管理层重新遴选没有理念冲突的员工参加培训。

无论怎样，建立良好的工作关系都是实现变化的唯一希望。接下来，我们想分享一些在这方面所积累的有用经验，希望对你有所帮助。

建立咨询关系的"十诫"

咨询中要面对的挑战有很多是私人行为服务与公共教育系统之间文化冲突的自然产物。咨询师需要记住：不要以私教服务的标准来要求公共教育人员，后者的资源往往是比较有限的。公立学校的班级从属于一个更大的教育结构体——学区，学区的目标是满足不同类型学生的教育需要，因此它可能会有不同的干预理念。而咨询师往往只需要解决单个学生的需要，在这种情况下，资源、材料和教学策略会全部集中于某一位学生身上。但在教室环境中，教学人员需要兼顾许多学生的需要。课堂咨询的目标应该是将有效的行为工作方法（比如行为评估、依联管理、任务分析及其他各种有效的教学策略）融入教室环境。教室具有很多教学方面的优势，比如：能提供观察学习的机会，有助于技能的泛化，有固定的教室常规，可以进行集体学习……这些可能都是个别化学习环境所不具备的。两种环境的优势互补可以提高教学的有效性，让更多学生从中受益。

1. 你当建立一种行为文化

最初阶段的咨询目标是评估相关人员的接纳度和灵活性，并开始在教室范围内营造一种行为文化。行为文化是一种环境氛围，身处其中的教学人员被一种共识所鼓舞，那就是他们是学生世界里具有强大影响力的人物。在这种环境中，员工会承担起管理依联和理解学生行为的责任。如果班级的主管老师对咨询持有异议，行为文化就不可能建立起来。在理想的情况下，大家应该能主动提供额外的支持。不过，我们可以通过揭示行为的功能关系——学生的行为与他们的需求是否得到满足——来提高员工对行为咨询的接纳度。

因此，初始培训的重点应该是帮助教室员工评估学生的行为。通过理解行为发生的原因及行为承载的功能，员工开始相信自己是有可能影响学生的行为并实现长期变化的，这种信念会让他们跃跃欲试。他们也开始批判性地思考问题，能够越来越独立地处理教学中遇到的行为问题。

当你发现教室员工开始抱团解决行为问题的时候，你会知道你成功建立了教室行为文化。比如，某位员工或许会问你是否跟另一位员工讲过某件事。你们的交流可能是这样的：

教学人员：你来了，太好了。你跟唐娜老师聊过了吗？

咨询师： 还没有，我一直在丹妮尔老师那边。唐娜老师呢？

教学人员：哦，她去带小组了。你肯定不相信，亚历克斯昨天玩完电脑居然乖乖参加圆圈活动了！完全没有发脾气！他一直对自己说"冷静，冷静……"真是太好了。待会儿让她自己再跟你说。

从这样的对话中，我们看到员工不仅找到了学生的行为问题，还在分析行为，相互讨论行为干预计划的得失。这种相互支持、同甘共苦让教学与工作环境变得更积极、更有成效，并将感染更多的人。这种文化的影响力很大，只要在教室扎下根，就会潜移默化地影响后来的人、影响开始时犹豫不决甚至有些抵触的人。它可以在一定程度上承受来自"异己"的破坏作用。

有时，教室中会有人在明里暗里破坏团队的同志情谊。这可能是因为他们对行为方法持有异议，也可能与个人原因有关（比如：他们在教室的地位受到威胁，难以接受变化，喜欢兴风作浪，等等）。为了改善教学环境，这种情况必须得到解决，最有效的办法有三个：教育、包容（中立）和清除。

"教育"策略。如果教学团队的成员在贯彻行为原则的过程中需要更多的支持，那就应该选择"教育"策略。这样的个体在工作中可能缺乏成功体验，因而陷入一种习得性无助状态。使用"教育"策略的目标是帮助个体找到目标行为，即个体认为学生需要改变的行为或需要学习的技能以及咨询师认为可以实现的目标行为。这样做可以帮助个体取得成功并坚定对行为干预方法的信心。实现这一目标的途径是把他们吸收到团队之中并突显其个人价值。

"包容"策略。如果个体显然不乐于参与团队工作，或不能与他人一致地运用行为干预策略，你可能需要予以包容。在私人咨询中，如果团队中某个成员不能与其他人融洽合作，影响团队的工作状态，你可以将其彻底清除出团队。但在教室环境中，你不一定能这样做。可行的办法，是在一天的活动中或在教室每日时间表中选一个他可以胜任的工作。为了保持行为文化的发展态势，你可能不得不做适当的退让。

比如，你可能会遇到这样的情况：教学团队中的某位成员由于个性或行为方式的原因无法严格执行行为干预计划。这位成员可能特别喜欢和学生在一起，也很享受她的工作，但干预计划中有些部分需要她拒绝学生，不让他们为所欲为。可是学生并不买账，这让她感到无所适从，不得不请求帮助。经过咨询师的评估，这位成员显然无法克制学生的欲望，几乎总是会让步。在尝试"教育"策略但失败之后，我们可能有必要采用"包容"策略，避免因这位员工的过分善良而破坏干预计划的正常推进。针对上面的情况，我们可以让这位员工负责教室中某项力所能及但不影响行为计划整体大局的工作，比如：帮助组织非结构化的教室游戏活动，准备教学材料，监督学生发展其他技能（未被列为教学目标的生活自理技能），等等。通过这样的策略，员工可以以积极的方式与学生相处，为整个教室贡献自己的力量。这个例子中的主人公是想要成为团队一员的，只不过力不从心，难以承担重要的教室职责。

"清除"策略。 如果以上两个策略都没能带来需要的变化，那么是时候将该成员清除出教室了。这样做或许并不容易。但如果学校管理层能理解教室需要发展有力的行为文化以最大限度地促进学生的进步，员工撤换也就势在必行了。在实施"清除"策略的时候，最好跟教学团队解释清楚这样做的理由。因为大家同属一个团队，彼此间总还是有感情的。这样做有助于获得其他成员的理解和支持。

2. 你当聆听

如果你设身处地，就很容易发现环境中有待改进和变化的地方。创建 ABA 教室的工作团队往往最清楚自身的不足之处。在咨询的最初阶段，为了显示对教室工作人员的尊重，咨询师应该将很大一部分时间用于倾听教学团队的诉求。倾听也能帮助咨询师明确创建教室 ABA 的需求，甚至找出教学团队对接下来工作目标的哪些方面存在抗拒心理。如果觉察到员工的抗拒心理，设法找出源头所在。

你可以试着问问，他们过去做了哪些努力，教育系统存在哪些问题（比如，班上是否频繁安插新学生、管理层是否给了足够的支持、是否有可用的强化物等），希望咨询师帮助个人或教室实现哪些目标。建立合作关系最重要的是与老师并肩作战。你能协助解决行政性问题吗？比如，帮助他们获得急需的资源（比如教学材料、强化物等），给他们申请替补人员以便他们安心参加培训，为他们争取更多做计划的时间……在前期多听听这些未来工作伙伴的想法，认可他们在专业上的才华与观点，也在之后的工作中避免重复推荐他们以前用过的方法。即使最后你还是建议他们采用之前的方法，你至少知道应该如何解释其中的缘由。

3. 切勿眼高手低

如果咨询师不能务实开展工作，那么建立团队不过是空谈而已。建立团队意味着平等待人，尊重他人，以有意义的方式参与团队的工作。也就是说，当老师和辅助人员忙于讨论学生问题的时候，咨询师可以暂时放下预定的培训目标，去帮忙倒果汁、准备零食；当学生表现出行为问题、员工请求帮助时，咨询师能急人所难，热心施以援手；当老师忘记提前准备教学所需材料或可能用到的强化物时，咨询师可以帮忙找出来。

至于这种帮助是否必需，则要综合考虑多个因素。你应该只提供合理的帮助。咨询师应该先评判团队为什么求助或为什么需要帮助。如果事发突然，团队需要援助，那就帮一下。如果恰好当天人手不够，也可以帮一下。但记得凡事在心里问个为什么，因为有些情况是不应该帮的。比如，如果教学团队总是人手不够，那么，让咨询师充当临时帮手并不能解决问题。此外，把咨询师拖入常规教学之中也可能是教学团队规避培训的一个手段。最后，咨询师的帮忙也可能被教学团队或学校管理层看成不务正业、浪费时间。

很多人在接受咨询时会要求咨询师演示正在讨论的教学或干预技能。通常，这应该是一种真心的求教，但也不排除有为难你的意思：来，既然你是专家，你做做看。所以，不要经常做演示，偶尔做一下即可。有时做演示的确可以为你赢得教学团队的信任，但你也应考虑到它的负面效应。

首先，很多行为策略是以强化控制为基础的。如果咨询师本人对学生还不具备强化性，那么他/她可能无法与学生进行良好的互动并演示需要的技能。

其次，如果咨询师急于演示，学生也配合，效果很不错，那么团队成员的反应不外乎两种：要么感到自卑（你能做的我做不到），要么对咨询师变得过度依赖（一遇到问题就来找你）。所以，咨询师要看准时机再做示范，让示范起到应有的效果。在示范时很重要的一点是不要让员工感到无能为力。在多数情况下，咨询师最好能一步步演示完整的流程。能看到技巧的动态运用对员工会很有帮助。如果员工能亲自实践并体验到成功的感觉，那就再好不过了。从长远来看，团队成员需要能够熟练运用各种策略而不只是被动观看。

最后，判断是否要做演示还要看当前的机会是否契合你的主动性培训计划。如果你早前发现了学生的某个技能缺陷，现在正有计划地进行针对性的培训，那么此时的示范就不会出现上述问题。但如果你事先并没有计划，只是临时提供反应性或即时性的培训，那么演示就比较容易出现相关问题。

4. 你当放下自我

大家常常抱怨行为专家高冷、不近人情。作为咨询师，如果我们总是满口行为学术语，对学习方法固执己见，那就基本无法改变别人的这种印象了。不必要地使用学术语言可能会疏远咨询师和教学团队的关系。很多人之所以过度使用术语，是为了突显专家身份，然而事与愿违，这样做只会给接受咨询的一方带来理解上的困难和心理上的不适。在咨询时，使用教室人员的常用语汇、采用与他们相关的实用案例、解释策略运用背后的原理，将有助于保持与教学团队的合作关系。如果我们为了专业上的准确性必须使用术语，那也应该有所节制并做好解释，包括这个术语与更通俗的说法之间有何区别。比如，要让员工理解"负强化"与"惩罚"的区别，理解"惩罚"作为专业术语与日常生活用语的差别。

咨询师应该自信而坦诚地陈述自己的观点，也始终乐于接受新的信息。咨询师的建议应该被当成一种预测，其正确性有待实践的检验。也就是说，本质上，咨询师是在预测如果员工以某种方式行事，就会得到某种相应的结果。因此，咨询师要保持谦虚，承认自己的建议不一定全对。如果摆出一副"我无所不知""我能搞定一切"的态度，别人难免会跟你保持距离。我们应该让我们的建议经得起检验，保证它们通常是正确的，是值得认真践行的。

从进教室的那一刻起，你就要做到平易近人。你应该举止友善，尊重教室环境。比如：准时到达，对当天的工作有明确的计划，着装得体，在询问后将私人物品放置到妥善的地方，注意指导或反馈时的音量以免干扰课堂秩序，等等。咨询师应该尊重自己在教室的角色，与教师协商讨论教室培训的最佳方案。何时讨论学生个体或教室整体的问题最为方便？如何安排人员参加培训更适合现有的教室常规，是一人一天集中受训，还是每次都让大家轮流参训？咨询师不要急于推进自己的进度，要静待工作关系的自然发展。教学团队成员建立对咨询师的信任是需要时间的。只有建立起信任，他们才会打开心扉，与咨询师发展出相互支持的关系。

同时，你也要做好示范。你应该展现你的效率、你的积极态度、你的干劲十足——撸起袖子把活干好，无论做什么都全力以赴。你应该示范良好的 ABA 技术，包括你的信心，你对教学决策的周全的原理解释，你对行为功能的分析，你在学生吵闹时保持冷静，在给学生强化时由衷感到骄傲，等等。你应该想象在整个访问行程中你都置身于聚光灯下，你的一举一动、一言一行都在接受教学人员的评判。这些努力将营造出相互尊重、相互信任的气氛，大大促进合作关系的发展。

5. 你当立足长远

耐心是美德。在咨询中贪多求快容易妨碍咨询的顺利进行。记住，实现 ABA 课堂的结构安排的重大变化最好有一个 2～3 年的长期规划。只有当所有必要系统都就位了，教学团队才可能保持教学策略的有效运用和教室的有序组织，从而减少学生的破坏性/不恰当行为、提高他们的适应性和学业技能。这种长期视角有助于提高培训计划的系统性，也避免让教学团队承受太大的压力。这种视角还可以避免咨询师偏离既定的培训计划去处理太多突发性问题。

当然，你也需要给老师提供有意义的信息，让他们看到你的价值。多提些实用建议。也许你觉得这不是你的当务之急，但给老师排忧解难会让他们在未来更愿意听取你的意见。也许你迫切想要完成自己的使命，希望早日看到焕然一新的气象。但是，不要急，理解这个过程，珍视每一小步的价值，让自己沿着正确的方向前进。一段时间之后，小步积成大步，你会看到明显而快速的进步。发展关系需要时间，发展相互合作的工作关系尤其需要时间。

解决一些不太重要的事情可以让比较重要的事情变得更容易推进。比如，看看有没有办法减少老师的工作量。帮助老师制定并应用简化的、用户友好型的数据记录系统可以缓解老师的抗拒心理。老师不那么抗拒了，你才能更快地着手解决那些更需要时间、信任支持和充分计划的问题。减少目标数量、分出目标的主次先后可以大大减轻教学团队的心理负担。如果一开始只需要实现较少量的目标，老师会更有信心完成任务。等他们的技能水平不断提高，学生也开始做出恰当反应了，我们再增加目标数量、提高目标难度也不迟。集中精力减少行为问题应该成为你的当务之急，它能为你赢得尊重。

制定培训计划。将你对现场的发展期望清晰地告知老师/管理层，对咨询会很有帮助。咨询师应该有既系统化又个别化的培训计划和目标。系统化目标用于解决教育环境的结构问题，比如，课堂设置、员工和学生的时间表。个别化目标则针对每一位员工需要发展的技能领域，比如，行为管理技术及有效教学策略的运用等。这种长远观点的分享有助于缓解急于求成所带来的压力。培训计划应该包括教室干预将采用的目标策略，比如，强化系统、反应性和主动性教学计划、危机管理等。咨询师应该与老师及管理层讨论这些培训目标并确定它们的主次先后。

团队沟通是关键。为了教育项目的持久发展，教学团队成员必须花时间一起讨论问题。通过对当天情况的讨论，教学团队成员可以调整计划、分享进步、表达忧虑，减轻单打独斗的疲惫感。在理想状态下，教学团队成员应该在每天下班前进行一次情况汇报，总结计划的进展情况并为第二天做准备。此外，教学团队应该每月至少有一天时间（或一天里的部分时间）用于集会。在这一天没有学生的牵绊，大家可以参加培训、讨论班级的行为计划、讨论个别学生的行为目标或制作教学材料。

行为文化一旦在教室环境中建立起来，将持续推动进步，实现长期目标。但行为文化的存续离不开持续的沟通、培训和支持。为此，咨询师应该与管理层协商，将团队沟通列入总体计划之中。

充分利用培训时间。培训可以安排在学年开始之前。这样做可以为新的一年积蓄动量，也方便团队新成员在开学前预先熟悉相关的行为技术和行为策略。受训员工可以趁机分享经验并锻炼自己培训新员工的技能。咨询师的最终目标应该是建立一个可以自我维持的环境。因此，他们必须从团队中找出那些能够指导未来员工的个体并给予反馈指导。

6. 你当教人独立

为了让 ABA 课堂靠老师及其他员工的力量维持进步，咨询师在提供指导时须将"独立"目标牢记于心。让学生独立是所有教育的最终归宿。一开始，咨询师可能需要提供大量的提示，帮助员工理解你的期望和目标。提示可以包括示范、语言提示、直接指导、书面方案和其他支持。提示可以让员工体验行为技术的成功应用。当某个行为模式被首次用于教室环境时，学习曲线可能会有较大的起落，此时，老师们需要较多的支持。随着时间的推移，咨询师有责任逐渐撤出提示，用不那么指导性的方式继续培训。但过快撤出提示也会让教学人员感到为难或挫败。咨询师应该为撤出辅助做好铺垫，方法是在提出建议时解释其中的原理。一段时间之后，咨询师可以在评估时要求教学人员说明原理。这种"生成假设—制定行动计划—评估计划效果"的过程就是他们未来独立的基础。

7. 你当勇于犯错

对孤独症儿童的教育常常充满挑战。教育儿童，总的来说，需要成人自己有点幽默感。不把错误太当回事儿，积极实施计划并承担风险，教室环境会因此而变得更好。作为 ABA 教室中的一部分，咨询师应该以身作则，给教学人员示范你希望看到的职业行为。追求有效而非完美应该成为大家的共识。正是勇敢涉足未知领域的过程给我们带来了进步。不经错误就难以成就创造性的工作。用心做事就不怕没人帮你，勇于犯错就是在铺垫未来的成功，这也应该成为大家的共识。

8. 你当以平常心对待学习中的困难

让学习者学得自在是件重要的事。面对新的技术、新的技能和在旁边观察的你，教学人员的学习很难是轻松的。你应该对他们直言相告：学习新策略也许会影响他们的胜任感。这是给他们打好预防针，让他们不要轻易灰心丧气。你可以用运动技能来作类比。比如，有个打了多年网球的人想精进一下技术。课上，教练建议他换个握拍方式。一开始，他觉得新握法哪儿哪儿都不对，过去能轻松完成的动作突然别扭起来，怎么都做不好。ABA教室中的培训也是如此。新旧技能的融合常常会打乱人的自然节奏。打网球的人会忍不住想放弃新握法，用回原来的方式。但如果他真心想提高技术，就必须忍受这段时间的别扭。当新旧技能融会贯通时，他的球技就长进了。

9. 你当不吝赞美

咨询师到访教室的目的通常是解决问题，所以你很容易忽略环境中的积极因素。你的整体目标是帮助ABA课堂提高效率和成效，使所有学生都受益。为了实现这一目标，教学人员既要知道他们在哪些方面有待改进，也需要知道哪些方面做得还不错。评价一定要真诚。虚情假意的赞美是一种侮辱。目前的课堂中一定存在很多值得肯定的地方。咨询师以局外人的眼光很容易发现学生在一段时间内的变化，这种变化是朝夕相处的人不易觉察的。因此，咨询师要多提醒教学人员，学生行为和教室操作过去是怎样的，现在有了哪些进步。如果员工对自己的长处一无所知，就无法将其发扬光大。如果他们看到的全是自己的不足，就很容易止步不前。

10. 你当鼓舞人心

作为咨询师，在教学过程中要乐于分享，你要知道这种分享将直接影响无数学生和老师的生活。这样的机会实属难得。你也可以趁机将乐于分享的观点分享给接受培训的教学人员。行为工作的应用对象是有发展性障碍的学生，因此，它不仅涉及解释概念和程序、训练员工使用行为原理，还要鼓励这些成年人积极运用耗时而又密集的行为策略。作为咨询师，你也需要向大家证明系统性行为干预策略的有效性。行为分析能真正发挥效用的前提，是人们必须乐于改变自己的行为，相信这样做终将带来长期的回报。看到学生开始学习并且变得更加独立是对老师的莫大鼓舞。精心计划并妥善执行的行为策略可以促进这种学习，但未必能马上看到效果，即便已经有了肉眼可见的巨大进步，也还是容易被人忽略。咨询师应该想办法，比如，通过收集数据、录视频，捕捉和记录学生的进步。在召开集体会议的时候，咨询师可以向团队成员展示这些材料，这是他们辛勤工作和不懈努力的成果。

这十条诫律看似平淡无奇。不过，从我们的经验来看，咨询关系往往是被忽略和低估的。作为这方面的专业服务机构，我们吃了不少苦头才得以明白其中的几条策略。咨询工作在很大程度上有赖于咨询师和教学团队发展关系的能力。和谐的关系会让学习者在学习中更加开放、更加配合。作为行业专家，我们与其说是去指导，不如说是去引导他人的。为了促进孤独症学生的行为变化，我们必须首先注意改变自己的行为。我们的行为改变了，学生的行为也会随之改变。

以上，不得不说！

第八章

咨询入门 ABC[1]

评估（Assessing）、助益（Benefitting）、合作（Collaborating）

首次咨询

首次咨询的主要目标是开始建立相互合作的工作关系、定义你的角色以及教导老师咨询方面的知识。这是让老师建立预期的一次重要会面。因为老师们过去接收的往往是错误的信息，对咨询模式也可能缺乏了解。此外，咨询师的存在还会让老师们感觉难以忍受。虽然他们的确需要甚至也想得到别人的帮助，但有人闯入本属于他们的课堂却是一种负担。通常，他们会希望你马上给出灵丹妙药，然后赶紧走人。或者，他们希望看到你露怯，既然你并不比他们高明，那么，也请赶紧走人。初次会面，你要给他们提供一些重要的信息，这有助于减少老师的抗拒心理，让他们更加期待你的下次到访！

- 安排会面时间，以老师方便为准。会谈大约需要 30 分钟，在此期间，老师应该保证她[2]能全神贯注。会谈最好安排在教室之外以减少打岔和干扰。
- 互相寒暄（这样做当然有助于发展合作关系）之后，开始正式发展合作关系。第一步，先认识老师。除了发展友好关系，这一信息也可以为你评估老师进而制定咨询计划提供重要参考。

认识她

- 她是怎么进入这个行业的？

---

[1] 本章作者：罗恩·利夫。标题中的 ABC 指的即是副标题中的评估（Assessing）、助益（Benefitting）以及合作（Collaborating）。
[2] 原注：大部分老师为女性，所以我们以"她"泛指老师。

- 请她描述一下工作经历。
- 她是否还有其他职业抱负？
- 她最喜欢教书育人的哪个部分？
- 她最不喜欢哪个部分？
- 她最喜欢教哪些"科目"？
- 她最不喜欢教哪些"科目"？
- 她最喜欢教哪一类学生（比如：幼童/中大童，高功能/低功能的，积极主动/被动的）？
- 她遇到的最大挑战是什么？
- 哪些行为让她感觉最为困扰？

注意：绝对不要让她觉得你有任何评判她的意思，你只是想了解她而已！

- 介绍你的工作经历。谦虚但又简短巧妙地透露你的优秀履历和才华（做自己的最佳代言人，同时保持谦虚）。

定义 ABA

老师的抗拒心理有许多源于对 ABA 的错误认知。很多老师从过去的咨询中体验过或从谣传中听说过比较刻板的 ABA。所以，他们从一开始就对 ABA 持怀疑甚至更为消极的态度。定义我们这种 ABA 就变得很重要了：

- 我们一开始会把重点放在减少扰乱行为上。
- 我们的方法有主动性和反应性之分。
- 我们会使用自然强化物来促进技能的内化。
- 我们致力于教育"完整儿童"（whole child）（即帮助学生发展功能性学业技能、沟通技能、社交和游戏技能）。
- 我们会尽量自然（语言、环境、教学材料）。
- 我们重视结构化基础上的灵活性。

承认许多 ABA 偏于刻板，对儿童或老师不够友好。如果有人试图让你使用那样的 ABA，你也不愿意。

定义双方关系

定义你的咨询师角色。你在他们那里会做的事：

- 帮助员工进一步发展技能。

- 提供 ABA 和孤独症方面的高阶培训。
- 进行客观的观察。
- 给员工和学生提出建议。
- 提供适当且必要的支持。
- 作为咨询师，你不能：
  - 妄加评判，因为那样做无助于提高她的水平。
  - 成为编外教学人员！事实上，你会尽量减少与学生的互动。这样可以避免影响员工的威信，也能更客观地观察他们。你与学生互动越多，就越难了解到你不在场时的真实情况。
  - 出面干涉员工与家长或员工之间的冲突。
  - 当一名治疗师（"我很愿意帮你排忧解难，但这不是我的职责。"）。

打预防针：建立预期

- 提供信息以便她为咨询做好准备。也可以在观察前提出可能的疑难问题。因为观察还未进行，所以问题的针对性不那么强，她的防御性也会有所减弱。这样做有可能改变她的观念，从而避免问题、冲突和抵制情况的发生。这就是通常所谓的"预防接种"（inoculation）。
- 你的最终目标，是通过方法的传授，使她工作起来更加轻松愉悦，让她尽快地实现最大程度的独立。
- 你的咨询时间是有限的，因此她只能自立自强。
- 她比你更了解学生的日常情况。
- 你对老师及学生的咨询将使用主动性的而非反应性的方法。因此，你的大部分时间不是用来解决危机的。相反，你会将时间用于更有建设性的方面——提升她的技能、处理危机之外的情况。如果你能改善非危机情况，那么危机情况自然也会减少。
- 反馈很重要。你将不吝赞美，但纠正性反馈也必不可少。你对她的纠正是在给她提供必要的信息，让她更快地进步。这种纠正完全是对事不对人的。如果只有积极反馈，那么取得进步就需要更多的时间。因为她能理解你希望她做什么，但不一定知道不能做什么，还可以做什么。记住，人们可以从正确做法中积累经验，也能从错误和对错误的纠正中学到同样多的东西。你必须绝对相信这一点。如果你对这一点缺乏信心，就不会果断给出纠正性反馈。
- 一开始的培训主要是一对一的。这种形式有利于进行比较结构化的教学，保证学生和老师的成功。但无论是对老师还是对学生的培训最终都要转向更为集体化的形式。

授之以渔！

介绍咨询的两种方法，即灌输式咨询与心理教育式咨询。

- **灌输式（Prescriptive）**：直接告诉他们怎么做。
    - 优点：可以带来快速的变化。老师们会很开心，因为不需要思考。他们还会觉得你很牛！当然，这个优点最后往往会变成缺点。
    - 这个方法的一个缺点是它不能促进独立。而且，如果没有切身体验，老师们就不太可能真正理解你的意思。此外，这种方法不利于你获得认同。当你建议他们做什么的时候，他们会比较容易抗拒，但如果是你们一起想出来的办法，就不会这样（即"认知失调"）。

> "别指望快速取得很大的进步。去追求每天一点一滴的进步。这是进步的唯一途径。这样的进步才会持久。"
> ——约翰·伍登（John Wooden）

- **心理教育式（Psycho-educational）**：给他们提供必要的信息以便你们一起制定计划。
    - 缺点在于它是一个相对缓慢的过程。它也会让老师感觉懊恼，因为他们会觉得你总是不肯给他们答案。
    - 优点在于它是一个合作的过程，也有助于促进独立（你可以授之以鱼，也可以授之以渔；你可以帮学生系鞋带，也可以教他们怎样系鞋带；你可以告诉老师如何应对注意力不集中的学生，也可以适当提供一些信息，然后一起制定干预计划）。
    - 这个过程特别挑战你的督导能力。你需要巧妙地引导老师自己得出答案但又不能让她觉得你在考验她。也就是说，你要提供必要的信息和尽量微妙的启发，即提供必要的最少介入性提示（the least intrusive prompts）。

- 这个方法最终能带来极大的进步，但也应该承认：
  - 这是一个过程——变化来得有点慢，但"功夫不负有心人"。
  - 这个过程会令人沮丧，因为没人搭救他们。无人搭救就会生出怨气！而且，他们也更容易出错，但错误又会促使他们学习成长。
  - 员工的心态越开放、越善于接受，咨询就进展越快、越成功。

心理教育式咨询是一种非指导性方法？

- 即使不用灌输法，你也可以很直接。比如，快速找出一个问题，引导他们发现其中的不足之处。"你确实给了科尔很多表扬和微笑，但你觉得这些对他来说够吗？如果不够，你觉得还可以给他什么？"
- 重要的是，你要注意你的表达方式。不要让他们觉得你在测试他们、在揭他们的短。要让他们觉得你在帮助他们成长！

咨询结构

- 明确告诉她，你无法固定咨询的时间。首先，你要给那么多老师提供咨询，固定时间是不可能的。其次，你希望你可以尽可能多到她这边走走。有时，如果你恰好在当地，你可能顺便过来提供辅导。最后，如果你能看到一天中有代表性的典型样本，对咨询会很有帮助。不过，你们应该约好第二次咨询的时间，让老师选一个她觉得适合你观察的比较有代表性的时间。
- 你的咨询时间会比较短，通常有一个好的时间样本即可。例证：无需检查整个蛋糕，你就知道它是否已经烤好；不必和约会对象聊一个小时，你就知道你有没有兴趣继续交往；等等。而且，咨询时间越短，越方便你常来拜访他们。
- 告诉她你会尽可能不引人注意。正如之前谈到过的，这样可以让师生保持尽可能自然的状态，让你获得比较有效的观察结果。但你也告诉她，当出现危机时（即学生出现危及自身或他人的行为），你还是会出面干预的。
- 只专注于少数几个问题以免无所适从。根据她提供的信息，选几个你认为本质上最有用的问题。
- 结束咨询前，请她在你下次来访之前，确定几个她希望着重解决的问题。

注意：务必让老师知道，你会去找学校管理者，让他们支持整个咨询过程！

- 当你去见学校管理者并汇报初次咨询的情况时，你要让他们理解咨询是一个过程（你教的是如何捕鱼）。这一点至关重要！你也要让他们理解你不会用灌输式的咨询方式，解释你为什么不这样做，也告诉他们老师和其他员工可能会因此而产生挫败感。这一点也同样重要。希望这些努力能给老师争取到更多的支持。记住，你是去提供帮助而不是去做评判或增加压力的！

一点启发

1. 争取为你的所有建议都提供理论依据。比如，不要只告诉他们提供差别强化，要告诉他们差别强化的意义在哪里。这样做除了能提升他们对方法的理解，还另有好处：

- 引发思考。
- 发展独立性。他们将更好地理解概念，因而更有可能将所学技能泛化到新的情境中去。
- 优化咨询模式。
- 启发灵感。
- 也有助于你更好地理解概念。

2. 尽可能多举例子。这样可以让你的讲解更加清晰好懂，也更有趣味性。如果你能举出现实生活中的例子，就可以让老师们明白 ABA 原理不只适用于孤独症干预，也帮助他们更好地实现知识技能的泛化。此外，举例子也能帮助他们记住概念。

3. 最好不要预设咨询主题。可以的话，用你的观察所得作为讨论素材。这样的主题更有现实针对性，又较少"被迫"感，因而显得更加自然。一般来说，问题和关切点会在你的观察过程中逐渐显现出来。

4. 咨询讨论的主题和建议的数量在很大程度上取决于员工的情况。如果他们经验不足或感到无所适从，那么你可能需要减少主题的数量。但如果他们如饥似渴、接受性强，就不妨多给建议。当然，你始终需要评估！你的建议应该是建立在多种因素之上的。你肯定希望员工能体验到成功，所以你可以从最容易取得成功的方面开始提出你的建议，也可以从老师觉得重要和感兴趣的方面开始。不过，你也需要重点谈论如何减少那些持续存在的对教室影响极大的危机行为。

5. 在提供反馈时，不建议你使用先肯定后纠正的方法。这种模式往往会产生负面影响。有时，员工在听到一连串好评之后会飘飘然，以至于听不进去纠正性反馈或低估它们的重要性。更多时候，他们并不在意你的积极反馈，反而等着后面的纠正性反馈。先肯定后纠正的做法也传达出一个信息——你不能理直气壮地提出纠正性反馈，你需要讨好他们或闪烁其词。想要打破这一模式，我们建议你按照观察的先后顺序提供反馈。

6. 与老师和家长打交道就像与学生打交道一样，也要遵循"好教学"的原则。也就是说，你兼顾积极反馈和纠正性反馈，但积极反馈的频率更高；你使用介入性最小的提示并有系统地逐渐撤出提示；你不给他们太大的压力（认真选出优先项），确保你的教学符合"学生"的理解水平；当然，你也要让学习尽可能愉快和自然。的确，和带学生是一样的！

7. 你的工作重点是老师而不是学生。归根结底，提高老师的水平，也就是给学生提供更多的帮助。当然，在危急状况下，你应该把学生放在第一位。

8. 当老师提问时，分析提问的目的（即其功能）是什么。比如：
   - 获取信息。
   - 质疑、挑战。
   - 更好地理解信息。
   - 炫耀学识。

9. 如果你答不上来，想办法争取时间：
   - 请他们复述问题。
   - 请他们澄清问题。
   - 你来澄清问题。
   - 改述一遍问题。
   - 请他们私下问你。
   - 让他们先思考答案，下周你们一起讨论。然后，去寻求帮助！

一旦获得他们的信任，直接说你不知道也未尝不可！

有效沟通准则

1. 认真聆听

（1）停止讲话

（2）等说话人把话说完

2. 乐于接受

（1）面部表情

（2）目光接触

（3）身体姿势

（4）个人空间

3. 澄清你听到的内容

（1）用自己的话复述你所听到的内容

（2）请求更多的信息

（3）通过提问澄清问题

4. 态度友好

（1）开放

（2）不加评判

（3）接受观点差异

5. 准确而清晰地陈述你的看法

（1）使用听话人的语言

（2）概述你的信息要点

（3）言语和非言语信息必须保持一致

6. 发现潜在的冲突并找到有效的冲突解决方案

（1）确定讨论冲突的最佳时间

（2）定义问题

（3）理解对方立场

（4）想出尽可能多的解决方案

（5）选出最佳方案

（6）接受决定

第二次咨询

第二次咨询的目标是评估老师及其他员工的优势和不足，便于你对咨询进行"任务分析"。你应该着重观察以下方面：

- **强化**：他们是否使用强化物？强化物是否足够有力、有依联、多样化、有差别性？
- **行为策略**：他们是否有系统性计划？是否以反应性策略为主？使用主动性策略吗？是否明确了行为的功能？是否找到了替代技能？
- **教学技术**：他们是否严格遵循回合尝试教学的原则？是否有系统性？是否细分了技能？是否使用了有效的提示程序？有没有逐渐撤出提示？节奏安排合理吗？能培养独立性吗？
- **风格**：他们喜欢教学吗？情绪稳定吗？态度积极吗？
- **结构**：他们的时间表有助于促进行为训练和行为控制吗？教学时间充裕吗？教室管理良好吗？
- **实用、有意义的课程内容**：对重要目标的教学在你的观察中占多少百分比？课程内容的实用性高吗？课程目标能否促进有意义的进步？
- **员工能否理解和支持 ABA**：他们的理念与 ABA 是否合拍？是否更倾向于其他方法（比如 TEAACH、"传统教育"等）？

可以使用附录 B 中的"教室检核表"来评估教室的现状以及日后的进步情况。强烈建议你不要一边观察一边填表，以免员工觉得你在评价他们。你可以简单记下要点，等离开教室后再填好表格。

本次咨询的第二个目标是强化咨询过程。

- 在互致寒暄之后，你开始进入观察者的角色。尽可能不引起别人的注意。找一个最佳的观测位置。我们比较推荐你坐着而不是站着。那样有助于你更快地隐藏自己。如果要记笔记，最好使用小尺寸的便笺本。这也是为了更加隐蔽。如果学生跟你讲话，尽量简单回答，可能的话，微笑即可。如果遇上真正的危机情况，予以必要的协助。如果老师或员工过来跟你聊天，尽可能保持友善并告诉他们待会儿再聊，然后继续你的观察。在观察中，尽量不做评价、不问问题，甚至不带表情。
- 你应该尽可能不显露情绪。如果你因为不喜欢老师的某个做法而皱起眉头，很可能影响她之后的表现，进而影响观察的有效性。同样，你的微笑也会改变她的教学。你要尽可能让你的观察结果具有代表性。
- 当你觉得已经收集了足够的信息时（比如，过去 5 分钟里你再没有收集到更多有用的信息，未来5分钟也不见得能），就可以找老师聊天了。在理想的情况下，你应该在20分钟内收集到足够的信息。这种"高效"有助于强化咨询过程（即让他们知道你的咨询就这么简短），也方便你接着去其他教室提供咨询服务。

跟老师要求10分钟左右的会谈时间。最好在教室附近提前找好会谈地点，以免临时找地方浪费时间。这次会谈的主要目标是确认你观察到的情况是否"典型"并回顾上一次的咨询情况。

- 我会以提问开始，比如："今天的情况典型吗？孩子的表现是特别好、一般还是很差？"
- 如果她回答"不典型"，那么，问她学生与平时有何不同。等回答完毕，再问她为什么会出现这样的不同。最后，问她员工的表现是否有所不同。
    - 如果老师回答说是因为你的出现才让学生表现变差，不要意外！这是一种不错的辩解方式，说明老师很可能是抗拒咨询的。其实，学生可能并没有直接受你影响，受影响的是老师，老师再影响学生！也可能学生实际并没有什么不同，只是老师对问题更加敏感了。
    - 不要急于发表意见或与之争辩！我会简单回答说，假以时日，所有人都会习惯我的存在。
    - 如果她坦言自己有点紧张，那应该是个好兆头，说明她重视这件事。
    - 如果她说学生当天的表现变差了，但没有找任何托辞，那应该也是个好兆头。
    - 如果她说学生当天表现不错，但在你看来着实不妙，那么接下来你的工作可能会很艰巨！
- 指出你觉得她做得特别好的地方，比如："我喜欢你和孩子互动的方式。""你的课堂组织得很好。""我非常喜欢你……的方式。"注意表达要真诚，对于你所指出的那个方面你也能有所阐发。如果实在找不出什么闪光点，也不要生编硬造。
- 问她在哪些方面需要帮助。注意你的应对技巧：无论她说什么，你都将它引到你的第一个咨询任务目标上去！通常情况下，经过"任务分析"，你的第一个目标很可能是解决强化问题，除非她在这方面已经做得特别好了。强化很可能是所有问题（她提出的或你观察到的）的基础。举例来说：

老　　师:"杰克总是不能集中注意力,我不知道该怎么办。"
咨询师:"我理解,让他集中注意力能给他带来特别大的帮助。杰克的具体情况我还不太清楚,但我猜他可能觉得圆圈活动(做作业、中心活动等)很没意思。那么,我们需要制定一套强化制度来提高他的注意能力。最终,我们的目标是逐渐撤出强化物,即使没有人为的强化,他也仍然喜欢参加圆圈活动。所以,我们下次专门来解决强化问题。"

老　　师:"我需要有点空闲时间,这样就有时间为中心活动做准备了。"
咨询师:"可以理解!你需要有时间备课,也透口气。我觉得最有效的办法,是让孩子更独立一些,这样就可以给你腾出更多的时间了。那么,我觉得我们最好开发一些强化物。当他们能独立完成任务的时候,我们就用这些强化物来奖励他们……"

老　　师:"我实在没什么需要帮助的。"
咨询师:"问题是,我是来与你合作的,所以我们必须找到可以一起完成的工作。我想,如果我们能完善一下强化制度,那么……(后半句应该提到某件对她有帮助的事,比如孩子可以更快地实现目标、更善于聆听或更加安静之类)。"

- 无论老师对强化的观点如何,她都可能没有有效地使用强化!情况不外乎以下几种:
  - 强化物没有强化作用(即不能提高期望行为或技能的出现率)。
  - 强化物使用频率不够。
  - 被强化的行为没有被命名。
  - 强化物和行为之间缺乏依联(无论表现如何,最终都能得到强化物)。学生也肯定很少体验到失去强化机会的滋味(他们最终都会得到强化,因为老师怕他们情绪失控！）。
- 强化物种类单调。
- 强化物未被有差别地使用。

缺乏有效的强化，其他任何方面都很难有成效（行为方案、课程内容、系统化教学）。下面是我们建议的任务优先顺序，这种顺序是以对先备技能的任务分析为基础的：

- 强化
- 反应性行为策略
- 主动性行为策略
- "学会学习的技能"
- 回合尝试教学指导原则
- 用户友好型数据
- 实用而有意义的课程

- 至于"作业"，我会让她在我下次到访前完成一些与强化相关的任务。比如：
  - 试试看，她可以给一位学生找出多少种新的强化物。
  - 试着每天安排30分钟，对一位学生进行强化：每隔5分钟，只要他没有出现破坏性行为或做了正确的事（比如专心完成任务），就给予强化。帮老师选一位最有可能响应这一计划的学生，这样老师也会得到强化！
  - 给每位学生选一个你觉得最需要被强化的行为。
  - 选一位学生，试着给他找出A、B、C三种不同级别的强化物。
- 最后，重申你在咨询中的角色和你的咨询方法："正如上次谈到的，我的目标是帮助你！我知道，不给你现成答案可能会让你觉得很挫败。但是我相信，假以时日，你会觉得这样做很值得！"
- 让她知道，在后面的咨询中，你将在观察中提供反馈意见。反馈意见仅针对课堂的情况。但在咨询结束前，你们还会碰个头，你将给她提供更全面的反馈、支持和培训。

感谢她让你进课堂观察，让一个外来者参观课堂绝不是件容易的事。

注意：请别问她是否觉得本次咨询很有价值！

完成以下表格的填写（"咨询问题评估表"及"参训人员素质评价表"）。

咨询问题评估表

老师的期待：_____
_____
_____
_____
_____

老师的管理方式：_____
_____
_____
_____

老师的接受性：□接受　　　　□有一点接受　　　　□不接受

说明：_____
_____
_____
_____
_____

老师是否接受咨询模式：□接受　　　□有一点接受　　　□不接受

说明：_____
_____
_____
_____

咨询的难点：_____
_____
_____
_____

参训人员素质评价表

	较差		一般		优秀
	1	2	3	4	5

教师特征：

热情
乐于参与
为有机会学习而兴奋
期待未来能将所学应用到自己的教室

领导力
能把控教学情况
受到教学辅助人员和其他服务提供者的尊重
快速响应培训要求
有效分配课堂任务

人际关系
与教学辅助人员保持良好的工作关系
与其他专业人员保持良好的工作关系
与学校管理层保持良好的工作关系

组织条理性
教室设置实用度
有课时计划
有个别化教学目标
教学材料取用方便
有每日时间表

理念认同
理解并相信 ABA 技术可行，能将其成功用于教室环境
认同咨询和外展服务都属于持续培训

教室特征：

教学材料
经常更新
实用
与年龄相称
轮换使用

教室环境设置
实用
与年龄相称
学生分组（按年龄、功能水平、需要）

辅助服务
抽离式与集中式
人员配比

第三次咨询

咨询一开始，和老师简单聊聊她所选定的强化目标。给她一些建议，告诉她你希望在观察过程中看到她怎么做。比如："当杰克集中注意力的时候，你能不能每三分钟给他一次强化？"提醒她，在观察中你只提供必要的反馈，但在观察结束后的情况总结中，你会集中回答问题并提供更全面的反馈。在观察中给反馈意见时，介入性越小越好（比如，打手势）。实在要说话，点到即止，切勿长篇大论。

你还需要决定是在当时立刻给反馈，还是等一会儿再给反馈。两者各有利弊，老师和咨询师也会各有偏好。比较麻烦的是，有时老师会告诉你他们更喜欢某一种方式，但这种方式显然没有效果，或者，其实他们并不喜欢。比如，老师可能会说更喜欢你给的即时反馈，但你真这样做的时候，他们却嫌你打扰他们。所以，你应该立足于最有利于教学的角度做出自己的决定。

你给的即时反馈	
优点	缺点
§ 即时反馈通常是更有效的教学工具 § 避免继续进行无效干预 § 记忆更牢固	§ 破坏连续性 § 剥夺自我纠正的机会 § 老师可能会说，如果你刚才给她机会，她会换一种做法 § 影响你收集更多信息 § 有点被动反应

延迟反馈	
优点	缺点
§ 便于你继续观察老师的教学 § 便于你收集更多信息 § 便于你分出主次先后 § 磨练你的耐心 § 让你学会不救场	§ 情况可能会逐渐失控 § 老师可能会记不清之前的细节 § 如果情况变糟，老师的戒备心可能会更强 § 显得你冷漠、袖手旁观

还有一个重要决定是你要不要做示范。就像反馈时机的把握一样，示范和不示范也各有利弊：

示范的优点	不示范的优点
§ 让他们感觉到你的支持帮助	§ 亲自动手实践往往学得更好
§ 让他们建立对你的信任，觉得你是个有水平的老师	§ 辅导时能给出清晰的解释
§ 更方便员工理解并通过观察来学习	§ 可促进学生的泛化
§ 让你的培训更简单：直接做出来即可，无须多费口舌	§ 是一种更积极主动的方式，可降低依赖性
§ 有可能让你想到新的方案	§ 避免老师因为不能做得跟你一样好而产生无能为力的感觉
§ 让他们看到你很会带学生（但此项不见得真是优点！）	§ 降低你的失败风险
	§ 避免老师知其然（能成功复制你的做法）而不知其所以然（不理解你的做法）并因此而影响泛化

示范有时是一种必要的手段，但它也存在风险，并不适合经常使用！示范很可能源于员工的质疑："那你做来看看！"如果你没做好，他们幸灾乐祸。如果你做好了，他们会认为你走运或找其他理由来解释你的成功。不管怎样，结果对双方都没什么好处。请慎之又慎！

在结束观察时（比如，20分钟左右），跟老师总结你所观察到的情况。这也是你开始就某个目标提供具体的培训了。告诉她，因为时间关系，你们不能对这些主题展开详细的讨论，但随着咨询的推进，你会更充分地解决她的问题和关切点。你可以建议她将你不在时遇到的问题记下来。

老师不一定总能接受你的建议！原因有很多：理念不同，感觉你在评价她，感到无所适从，等等。请用心理教育式的方法提出你的建议，并提供充分的理论解释。在最初几次的咨询中，我们不建议你与老师正面对抗，因为这样做不利于合作关系的建立，但你应该始终保持真诚。

- 你必须明确他们为什么抗拒。比如：他们是不是没理解？他们不想做出改变？他们想让你离开？
- 你也应该理解：
  - 改变对任何人来说都不容易。他们之所以用现在的方式做事，可能是因为他们当初学的就是这样的方式，这样的方式也很管用，也可能是因为他们已经习惯了现在的方式。
  - 改变常常需要付出更多的时间和努力。
  - 你还要意识到，大部分员工都没有你那样的才华！你之所以能升到现在的位置，是因为你教学经验丰富、职业素养高。这种高度是大部分老师所无法企及的。所以，你不应该把自己当成他人的标杆或对他人妄加评判。
- 始终记住，他们是你的学生！支持他们，耐心对待他们，理解他们。
■ 你们对最终目标的认识很可能是一致的（比如：学生应该受内在动机的驱使，必须摆脱外在支持实现独立，需要学习学业技能，等等），只是对于如何实现这些目标存在分歧。建议你首先肯定你们的一致性（比如，"我也觉得科尔必须摆脱对人为强化的依赖"），然后解释你打算如何实现这一目标。

如果抗拒依然存在，那么请参考下文"末次咨询"中的建议。

如果员工告诉你他们已经试过你的建议但不好用，那么请参考以下做法：

1. 请他们详细解释他们是如何试用你的建议的。不要引导，不做评价，获取尽可能多的信息，判断他们是否真的按照建议做了。他们很有可能遗漏了某些关键步骤。你可以趁机解释他们的做法和你的建议之间的差别。

2. 指出有效干预是一个过程，不可能马上见效。

3. 告诉他们，就算这些方法之前没有见效，但此一时彼一时，这次说不定会有效。

这次的咨询基本还是采用相同的结构：
- 在开始观察前，告诉老师你希望在观察中看到他们怎么做（基于上次的咨询总结和讨论）。
- 在观察过程中，提出必要的反馈意见。
- 在最后的总结部分，进行点评、给予指导并提出建议。

接下来的部分，我们来谈谈最有可能成为咨询目标的几个方面的内容。

末次咨询

大家经常提到一个问题："学生的家庭 ABA 干预应该持续到什么时候为止？"这个问题的前提是假定 ABA 干预是有时限或有瓶颈的，到了某个时间点，它就几乎不再有促进作用，或者作用越来越弱。与之相似的问题是："咨询应该持续到什么时候为止？"这两个问题的答案既相似，又不同。咨询未必是有时限的。有时老师接受多年咨询之后仍能从中受益，但有时却再无进展，不再有继续接受咨询的必要。

不同的是，无论学生如何抗拒（比如，不服从、攻击、回避等），我们都不会放弃干预，但如果接受咨询的老师也如此，我们可能会选择放弃。因为我们需要衡量轻重缓急。还有太多老师热切盼望着我们的咨询。因此，一旦认定他们接受咨询的可能性极小，我们就不再浪费时间了。

当然，我们必须首先尽我们所能，减少老师的抗拒心理。如果情况一直不能改善，我们可能还要直面冲突，做最后一搏！

直面冲突并不意味着咄咄逼人，只是说你需要更直接地处理老师的态度问题。你可以采用以下这些说法：

- 我感觉，你认为我们的咨询对你没什么帮助（比如：你总是没空参加讨论，你的身体语言透露出不满，你似乎很少采纳我的建议，等等）。
- 我之前说的内容有任何需要澄清的地方吗？因为你好像没有理解或者不太认可。
- 我知道这是一个艰难的过程。是不是我的做法哪里需要调整，才能更好地帮助到你？
- 我知道改变很难。我也知道我的很多要求给你增加了负担，让你很有压力。但我觉得你有这个能力，这样做对学生也很有必要。要不然，我不会勉强你！

如果因为你出色的临床能力，你感觉老师的态度有所软化，那么，试着再去拜访几次，确认这种抗拒心理确实在减弱。如果不是，那就暂停咨询吧！

时机尚未成熟！

当你的直言不讳显然也行不通的时候，你就该告诉老师和现场管理者：该暂停咨询了！你只要说，目前看来咨询显然没有效果，但如果将来老师有咨询需要，请一定与你联系。再提一两个实用建议（比如：捕捉孩子的良好表现，只发出你能跟进到底的指令，慎选战场，有重点地解决问题，等等）。

千万不要觉得这是你的失败！首先，你不可能赢得所有人的心！其次，很可能还有一大堆问题等着你去解决。再次，咨询是一个过程，有时你只是那个播种的人，而收割者另有其人。不过，你也要经常反思自己，看看哪些做法可以调整，以此不断完善你的工作方法。

并不排斥，但是时候该结束了？

回到ABA服务何时结束这个类比上来。很多时候，老师的心态开放、接受度高，不管咨询持续多久，他们都能从中受益。那么，问题就变成：你还继续吗？就像给孩子的ABA服务一样，这个问题也没那么容易回答。我们建议你考虑以下问题：

- 如果你继续提供咨询，老师还有很大的进步空间吗？
- 如果你停止咨询，老师会大幅退步吗？
- 这位老师比其他老师更有影响力，能助益更多学生、员工或管理层吗？
- 老师会在该岗位长期供职吗？
- 老师是否有助于提高你的技能？
- 你能在减少咨询的同时保持你的重要影响吗？
- 有其他老师在等着接受你的咨询吗？

如果基于以上考虑，你决定停止咨询或只提供有限的咨询，那么，建议你再给老师提一些建议，但务必注意主次先后。当然，也让他们在必要时联系你。

强化

开发强化物

1. 有些不起眼的小东西经过"包装"或你的热情"推销"可以变成很好的强化物。
2. 高频行为，比如听音乐、玩电脑，也可以成为强化物。学生在能够自由选择时会选择的任何东西都可能成为好的强化物。
3. 开发强化物的第一步，是让学生接触这些潜在的强化物。
4. 让学生自由使用潜在强化物也有助于开发新的强化物。
5. 有时也有必要让学生得不到强化物。这样不仅能提高强化物的价值，还能避免"餍足"情况的出现。
6. 开发强化物的一个有效途径是将潜在强化物与已有强化物关联起来（比如，如果他们喜欢听音乐，就让他们边听音乐边读书。通过关联，阅读会成为一种新的强化物）。
7. 问一问学生。

强化准则

1. **强化物应该具有强化作用**：员工常常一厢情愿地给学生提供他们认为的强化物（比如，"真棒"、击掌或学生玩了一年的玩具），但其实它们并不能提高恰当行为或恰当表现的出现率，因此不能算真正的强化物。即使学生喜欢这些东西，它们也未必有强化物所应有的效力。就好比你再怎么喜欢被人表扬，老板也不能把表扬当工资发给你，因为它根本就不够！

2. **强化物应该具有依联**：这可能是大家最容易违背的一条准则了。学生怎样才能赢得强化物，应该有一个明确的标准。换句话说，强化物是要有所付出才能获得的。因此，学生在有些时候应该是得不到强化物的。这样，他们才能明白怎样做才能得到强化物。这样也会大大提高强化物的效力。得到强化物的标准应该清晰明了，任何人只要观察5分钟都能看出来。如果校长、校医或门卫看不出来，那么学生很可能也看不出来。这样的话，强化物对行为或表现的影响就会很小甚至完全没有。如果学生总是能得到强化物，那他可能就不再需要外部强化物，另一方面，这些强化物也很可能缺乏依随性。

3. **使用多种强化物**：避免学生出现餍足心理，也有助于开发新的强化物，因为同一种强化物用久了会让学生不太愿意接受新的强化物。

4. **将社会性强化物与一级强化物相配对**：这样，社会性强化物会变得更有效力，外部强化物就可以逐渐撤出了。

5. **持续开发和寻找新的强化物**：保证强化物的多样性，也避免学生出现餍足心理。

6. **使用与年龄相称的强化物**：促进融合，提高期待。

7. **不可预见性和新奇性可以大大提升强化的效力**：能让强化更加激动人心，也有助于强化的逐渐撤出。

8. **在最初阶段，强化应立即出现**：这样有助于学生更好地理解行为与强化的依联，也有助于减少对破坏性行为的无意强化。

9. **尽快撤出强化**：能让强化以更自然的频率出现，有助于学生更好地融入普教环境。

10. **在最初阶段，命名正在被强化的行为**：这样做可以让学生更好地理解行为与强化的依联，还可以大大推动教室强化文化的发展。命名的过程也能起到社会性强化的作用。

11. **不要将强化变成贿赂**！贿赂的作用是强化破坏性行为。它也会降低孩子的独立性，因为贿赂一旦用上就很难撤除。它还需要成人讨价还价！记住，强化应该发生在孩子出现恰当行为或良好表现之后。

12. **使用差别强化**：有助于学生理解怎样的行为或表现是最受欢迎的，并激励他们不断进步。

关于强化，员工应该知道的事

- 强化物可以是任何东西，只要它能促进行为的发生。一般来说，学生喜欢的大部分东西或被认为是奖品的东西都可以用作强化物。但你只有通过观察它对行为的影响才能确定它是不是真正的强化物。如果它能促进行为的发生，就是强化物；否则，就不是！
- 普雷马克原理（Premack Principle）：你可以在孩子表现出他的非偏好行为之后，允许他从事他所偏好的活动。通过建立两者的依联，提高非偏好行为的出现率。比如，孩子喜欢玩电脑，但不太喜欢做数学作业。为了让孩子完成作业，你可以和他约定：先完成作业，再玩电脑。
- 餍足与剥夺
  - 如果学生被暂时剥夺强化物，那么该强化物会变得特别有效。剥夺越久，强化的潜在效果越好。
  - 当学生在某件事上得到充分满足之后，会出现餍足心理。强化物会暂时失去它的强化价值。
- 相对性
  - 潜在强化物的强化效力可以按从最弱到最强的顺序连续排列。
  - 你只能在与其他强化物的对比中判断某个强化物的效力强弱。通常不被认为是强化物的东西可能有很好的强化作用，而传统意义上的强化物实际却可能具有惩罚性！
- 强化程式
  - 持续性强化。每一个反应都会被强化，促进行为的高频发生，但发生的行为会快速消失。一般用于新行为（比如，保持注意、保持冷静或以恰当的方式沟通）的培养。但这种强化需要尽快转向间歇性强化。
  - 间歇性强化。一次强化可以促进行为的多次发生，且这些行为比较不容易消退。常用于旧有行为的保持。
- 泛化
  - 从经常奖励转为偶尔奖励。
  - 从人为强化物转为自然强化物。
  - 最终，从奖励良好行为转为避免不良行为。也就是说，学生的良好行为不再受到强化，但如果出现不良行为/表现，就会收到纠正性反馈或承受相应的后果。

- 差别强化
  - 定义：根据行为质量的高低，使用不同级别的强化。优秀的行为得到 A 级强化，比较好的行为得到 B 级强化，一般好的行为得到 C 级强化。
  - DRO：即"对其他行为的差别强化（Differential Reinforcement of Other behavior）"，除目标行为之外的其他所有行为都会被强化。也就是说，只有目标行为"零出现"才能获得强化。比如，强化除攻击行为之外的所有行为。
  - DRI：即"对不相容行为的差别强化（Differential Reinforcement of Incompatible behavior）"，强化与目标行为互斥的某个特定行为。比如，强化游戏或保持专注的行为，因为出现这些行为的时候，学生就无法进行自我刺激了。

行为策略

促进行为改变的方式有两种：

反应性方式

1. 在目标行为发生时施以有效的后果。
（1）为提高行为出现率而施以积极（+）后果
（2）为降低行为出现率而施以消极（-）后果
2. 主要出发点在于消除破坏性行为。问题是，如果行为是为满足某种需要而存在，那么即使该行为被消除，它背后的需要也依然存在。因此，除非教授恰当的替代行为，否则这种做法的结果，无非是出现新的破坏性行为，或者被消除的破坏性行为最终卷土重来。
3. 反应性行为训练是一种被普遍采用的策略，但它的效果并不好。
（1）它只教什么样的行为是你不希望出现的，但不教什么样的行为是你希望出现的。比如，如果学生的社交技能很差，他人的反应可能是对其糟糕的社交技能的惩罚，但学生从中学不到良好的社交技能。
（2）成人和同伴的情绪反应可能会强化学生的不良行为。

主动性方式

1. 为了成功减少某种破坏性行为，你必须教授恰当的替代行为（不是在目标行为发生时）。

2. 它需要精准教学（回合尝试教学）。

3. 主动性干预需要细致的分析和复杂的教学策略。

4. 为了教授替代行为，你必须首先明确破坏性行为所承载的功能。

5. 在明确破坏性行为功能的基础上，选定要教授的替代技能。

明确破坏性行为的功能

1. 破坏性行为的模式是怎样的（比如，在什么样的情况下发生、会得到怎样的结果）？

2. 学生能有效表达自己试图从行为中获得什么吗？

3. 进行有根据的猜测：

（1）观察行为。

（2）问问老师，当他们观察到该行为的时候首先想到的是什么。

（3）问问他们为了解决这个问题做了哪些尝试（如果他们设法安抚学生，那么学生的行为很可能是为了获取关注或者是受挫之后的反应）。

行为评估表

行为：

操作性定义：

前提：

行为出现率：

当前的后果：

之前使用的方法：

出现过哪些恰当的替代行为：

替代行为的后果：

找到恰当的替代行为

这一步非常有难度，因为我们更容易知道自己不想要什么，但不知道自己想要什么。

行为	替代行为
攻击	更恰当的回避反应 等待 压力管理 提升薄弱技能
自我刺激	游戏技能 专心完成任务
不服从	无差错服从（Errorless Compliance） 恰当协商
注意力不集中	观察学习 专心完成任务

主动性策略

塑造

- 确定学生现有的哪一种行为与目标行为最为相近
- 强化达到现有标准的表现
- 不强化未达标准的表现
- 强化连续出现的相近行为
- 使用差别强化，尽可能突显不同强化级别之间的差异——如果表现超过标准，给予更好的强化

示范

- 请示范者（同伴或员工）演示行为
- 示范者应突出相关线索
- 学习者应看到示范者受到强化
- 学习者应在示范者示范后立刻进行模仿
- 提供必要的辅助以保证成功
- 对目标学习者的正确模仿进行强化

辅助及辅助的渐褪

- 定义
  - 辅助：促发反应的附加刺激
  - 渐褪：有系统地降低提示的强度
- 辅助的种类
  - 肢体
  - 演示
  - 言语指导
  - 示范（间接演示）
  - 非特定：打手势、手指指、眼神示意
  - 语调的抑扬变化
  - 近因效应（更短的时间延迟、无干扰）
  - 位置/靠近度/自然倾向
  - 呈现顺序
  - 与之前已习得的反应相关联（比如，用对彼物的接受态度提示对此物的接受态度）
- 怎么做
  - 选定一个略高于当前水平的目标反应
  - 选择有助于促发该反应的辅助方式
  - 确定辅助的顺序
  - 尽可能使用刺激内辅助（within-stimulus prompts）
  - 确保辅助"可撤出"
  - 在给出指令（SD）的同时给出辅助
  - 开始时提供完全辅助和100%强化
  - 逐渐撤出辅助
  - 使用差别强化
  - 对已经习得的步骤不再进行辅助。凡需要辅助的回合，不予强化。

任务分析：将技能分解成更小的部分

- 为什么要进行任务分析？

- 任务被分解后可大大降低学生的学习难度
- 也大大降低教师的教学难度
- 还更容易实现员工之间的一致性
- 举例：刷牙的任务分析
  - 有些人先打湿牙刷，再把牙膏挤到牙刷上
  - 有些人先把牙膏挤到牙刷上，再打湿牙刷
  - 有些人在挤牙膏前、后两次打湿牙刷
- 如何进行任务分析
  - 自己先做一遍任务
  - 让其他人完成任务
  - 将任务分析说明放到某个位置上
  - 让学生尝试任务
  - 步骤的数量
  - 在一定程度上考虑学生的功能水平
  - 事先做好安排，使学生尽可能顺利完成任务

"学会学习"

老师往往都很想教学生学业和语言技能。显然，这些都是关系学生福祉的重要目标。普遍的观点是，为了让学生成功掌握这些技能，我们一定不能让他们的破坏性行为干扰学习的过程。因此，在教授这些比较正式的技能之前，必须先解决攻击、不服从和自我刺激之类的行为问题。但是，为了最大限度地保证学习的成功，还有另外一些先备技能，即"学会学习"的技能，也同样重要。教授这些技能实际上是在教学生如何学习。它们是掌握其他技能的必备基础，甚至可能是核心技能。掌握这些技能对他们的成功起着关键性作用。一般来说，如果学生在学习基础技能甚至高级技能时遇到困难，追根溯源，往往是这方面的技能存在缺陷。"学会学习"的技能包括以下这些：

- 注意
- 归还强化物

- 双手不乱动
- 等待
- 对指令做出反应
- 根据反馈改变行为
- 从提示中学习
- 保持冷静
- 坚持不懈
- 专心完成任务
- 不乱碰教学材料

通常，我们不会把"学会学习"的技能作为直接的教学目标。随着身心的不断成熟、观察能力和学习兴趣的不断发展，普通学生在开始比较正式的学习之前往往已经掌握了这些行为技能。但大部分的孤独症学生却需要直接教授才能掌握这些重要技能。因此，我们有必要为这些技能设计系统化的教学方案。

详情可参见《孤独症儿童行为管理策略及行为治疗课程》一书（McEachin, Leaf）。

回合尝试教学（DTT）

ABA从业者最普遍使用的一个教学技术当属回合尝试教学（DTT）了，这是一种以ABA原则为基础的特定的教学方法。这一教学方法可用于发展包括认知、沟通、游戏、社交、处理问题和生活自理在内的各种重要技能。此外，这一策略也可用于促进学习效果的最大化，且适用于所有年龄和人群。

回合尝试教学涉及：

1. 教授实用技能。
2. 将技能分解成更小的部分。
3. 每次教授技能的一个部分，直至掌握。
4. 允许在一段集中的时间内反复练习。
5. 必要的辅助和辅助的撤出。
6. 使用强化程序。
7. 促进技能在自然环境中的泛化。

回合尝试教学的基本教学单元为一次"尝试"，它有清晰的起点和终点，因此又有"回合"之名。用回合尝试教学教授新技能时，新技能会被分解成若干更小的部分，每个部分又会被单独呈现，学生逐一掌握。在学生运用技能或对指令做出反应之后，我们会立即施以后果：如果正确运用技能，则以社会性表扬或偏好物品/活动为强化；如果不正确，则予以纠正性反馈。教学常常涉及大量的尝试以巩固学习的成果。无论是学生还是老师都需要积极投入到这个过程之中。

举个例子。如果你正在教学生系鞋带，你首先会将这一技能分解成几个部分（比如：把鞋穿到脚上，拉起鞋舌，拉紧鞋带，两端交叉，等等）。经过任务分析（将技能分成几个小步或次级技能），你就可以开始教授第一个次级技能了（比如，把鞋穿到脚上）。在大约10分钟的教学中，你会让学生反复练习穿鞋的步骤。期间，学生将接受各种必要的辅助（比如，言语、指点、演示等）。这些辅助也会尽快撤出（即终止）。在整个教学环节中，学生将收到积极反馈和纠正性反馈。一旦学生掌握了某个次级技能，就可以以同样的流程开始下一个次级技能的教学了。最后，在学生通过教学习得多个次级技能之后，他们还应该在不那么结构化的环境中练习该项技能。以同样的流程重复练习，直到学生掌握所有的次级技能。至此，学生也就学会了独立系鞋带。

教练和其他教学人员一般都会用到回合尝试教学，尽管他们并不知道这个术语，也没有受过相关的培训。比如，游泳技能就被分成了很多步骤。游泳的第一个目标，可能是让学生在台阶上戏水，直至适应水的存在（比如，"适应浅水环境"）。然后，他们可能需要反复练习将脸浸入水中。在进行多回合的尝试并熟练掌握这一步骤以后，学生将继续学习后面的步骤（比如，用脚蹬泳池的侧边）。就这样，学生有系统地逐渐学习更多的步骤。学会一个步骤，再开始学习下一个步骤。一般来说，上课过程中会提供丰富的练习机会。好的游泳教练知道怎样让学习更有趣、更富于强化体验（比如，在水中抓泳圈）。他们也会提供必要的提示（辅助）并尽快撤出这些辅助。通过良好的回合尝试教学（分解技能、逐步教授技能、给予辅助/反馈/强化、增加学习趣味、帮助学生适应学习环境），学生学会了游泳！

这种回合式的尝试教学法与连续式的尝试教学法或更为传统的教学法的区别在于，后者会将大量信息一股脑儿地呈给学生，并且缺乏明确的目标反应。传统教学常常很少甚至没有反馈，即使有，也是延迟的，老师对学生学习效果的评估也会延迟。此外，传统教学不会考虑技能的泛化或评量新获技能在自然环境中的使用情况。虽然传统教学法对绝大多数学生有效，但在孤独症学生的教育起步阶段，它通常是行不通的。

回合尝试教学是一种密集型的教学方法，但它也包含大量的强化，所以学生通常很快就会开始享受学习的过程。我们发现，如果员工好玩有趣、尊重学生、充满活力并且喜欢和学生在一起，那么，学生在一天里能耐受的回合尝试教学时长是非常惊人的，而且，他们还会乐在其中。

关于回合尝试教学的指导原则，见附录C。

实用而有意义的课程

由于大家相信目标越多就越好，个别化教育计划中往往会有成百上千个目标。这不仅没有必要，事实上，还会严重扰乱教学的过程。目标太多可能带来以下问题：

1. 这些目标都有意义吗？目标太多容易流于琐碎。它们通常并不很实用，既不教学习中需要用到的最重要的技能，也无助于提高学生的生活质量。比如，学生可能还不会命名指甲和眉毛。他们当然可以学习这一技能，但他们也可能还有其他更实用、对他们更有帮助的技能要学。一般来说，5岁儿童的个别化教育计划目标会包括学习形状和颜色。但如果学生有严重的行为问题或掌握的实用名称很有限，那么这两项技能对他们而言可能不是最有意义的。虽然我们可以为教授认知技能设定成百上千个教学目标，但与之相比，重点发展几项观察学习和社交技能会更有意义。

例如，我们常常会因为其他"4岁孩子认识这些形状、颜色或数字"而给我们的孩子选择同样的教学目标。但是，事实上，其他4岁孩子已经理解了成百上千个概念。其他4岁孩子已经会讲"脏话"，我们不会因此也教孩子讲脏话！我们要仔细甄选那些最实用、对孩子最有影响的技能作为教学目标。

2. 掌握的目标技能多并不代表成功。就算学生学会书里的所有教学内容，也不一定意味着他们会取得"最佳效果"。我们认识很多成年人，他们掌握了书里的全部课程，但他们依然过着受限的生活，因为他们没有学习行为控制或实用技能。更悲惨的是，因为缺乏社交技能，他们交不到朋友，因为缺乏实用的学业技能，他们不会购物，不会去快餐店用餐——一句话，他们的生活质量严重受损。

3. 设定再多的目标也不是难事，因此，追求目标数量并没有多大的意义。举例来说，在教授非言语模仿时，我们可以设定 25 个目标（实际上可以有成百上千个）：

或者，我们也可以设定 5 个目标（即物品操作、粗大动作、离开座位、精细动作和链锁动作）。甚至，我们可以只设定 1 个目标：非言语模仿！我们在《孤独症儿童行为管理策略及行为治疗课程》《我的书》《孤独症学生教学》等书中对技能做了非常细的分解。但并非所有学生都需要进行这样的任务分析。有些学生可能需要更加细致的任务分析才能有效地学习，而有些学生则不需要把步骤分得太细，他们更适合比较粗放的任务分析以及从整体上学习概念。教学最终应该以每个学生的学习能力为基础。

物品操作	粗大动作	离开座位	精细动作	链锁动作
推玩具车	挥手	关灯	指鼻子	起立并转身
扔球	拍手	关门	指眼睛	摸头并拍手
摇旗	跺脚	取物	摸胳膊肘	取球和玩具车
打鼓	摸肚子	扔垃圾	摸膝盖	打开电视并坐下
转陀螺	摸头	起立	指手指	起立并挥手

4. 目标定得太多，往往不可能全部落到实处。老师肯定无法完成成百上千个教学方案，这就容易导致计划落空，半途而废！

5. 如果所有方案果真一一落实，那么结果很可能是没有一个方案受到足够的重视，技能因为得不到充分练习而很难被真正地掌握。因此，即使学了成百上千的技能，学生真正掌握的也可能少之又少。

记住，个别化教育计划不应该包括学生的所有目标。它是一份路线指南，但有所偏离也未尝不可！

你是哪种督导风格?

咨询师：_____

反馈

即时	1	2	3	4	5	延迟
具体	1	2	3	4	5	概括
简明扼要	1	2	3	4	5	详尽全面
曲折委婉	1	2	3	4	5	坦率直接

风格

严肃	1	2	3	4	5	活泼
偏演示	1	2	3	4	5	偏言语
宣讲式	1	2	3	4	5	互动式
反应性	1	2	3	4	5	主动性
结构化	1	2	3	4	5	灵活有弹性
安静	1	2	3	4	5	大声
零错误教学	1	2	3	4	5	错误中学习
制造舒适感	1	2	3	4	5	制造紧张感

每月咨询记录

咨询师：_____   咨询日期：_____

主要主题：_____
_____
_____

次要主题：_____
_____
_____

老师的接受度：□接受　　　　□有一点接受　　　　□不接受

说明：_____
_____

老师是否接受咨询模式：□接受　　　　□有一点接受　　　　□不接受

说明：_____
_____

老师是否接受咨询建议：□接受　　　　□有一点接受　　　　□不接受

说明：_____
_____

进展速度：□好　　　　□一般　　　　□差

说明：_____
_____

咨询难点：_____
_____

忧虑或关切：_____
_____
_____

第九章

数据要成为你的朋友！[1]

ABA 与测量（measurement）

ABA 是一种心理和教育领域的训练方法，是能对人类行为的障碍和困难，包括与孤独症相关的各种挑战，产生积极影响的一种方法。ABA 首先是关于行为的，因为它特别关注可观察的现象，比如动作和表述，而不是推测一个人内在的心理状态或过程（Baer, Wolf & Risley, 1968; Baer, Wolf & Risley, 1987）。它也关注各种对行为有控制作用的可观察的因素以及鼓励或阻止个体出现特定行为的环境特征。这些客观测量所得可以用来解释行为问题的原因。这种解释既不是基于过去经验的推断，也不是对内在心理的假设，它们是可以被查证的。ABA 在方式方法上是很积极的，它认为通过建设性地改变个体所处的环境，可以让个体习得技能并增加我们所期待的替代行为。

ABA 还是应用性的而非理论性的。它解决的是社区、家庭、学校等自然环境中人类行为的重大问题，而不是实验室之类的人为环境中的行为问题（Baer et al., 1968; Baer et al., 1987; Fawcett, 1991）。它关心可行性、用户友好度和客户满意度，它关注目标的社会重要性、程序的社会接受度以及结果的社会和临床意义。最后，ABA 是分析的。因为它会运用科学的方法，指导从业者根据测量的结果检验干预的有效性（Baer et al., 1968; Baer et al., 1987）。

测量的客观性和科学方法的使用意味着 ABA 的原则和程序是有实证支持的，这种实证程度是其他心理训练方法所不能及的。这也意味着数据收集是行为干预的重要一环。以客观测量为核心的行为评估，让准确的、有意义的数据收集成为行为干预的重要组成部分。数据可以帮助我们明确学生的需要、检验干预的程序并评估干预的效果，

---

[1] 本章作者：米切尔·陶布曼。

直接引导我们做出干预的决定。最后，数据可以通过切实可行的方式来收集，这些方式不会阻碍我们临床目标的实现。

应用与分析的平衡：有时少即是多

随着时间的推移，行为分析的定义也在逐渐演变（Haynes, 1998; Ollendick, Alvarez & Green, 2003），它的方法也不再局限于观察性测量。这是一种积极的变化，它不仅让测量的方法更加多样化（见下文），也让测量结果的使用更加切合干预的需要。数据是工具，是为干预提供支持的，无论是家庭、学校、机构环境中的干预，还是社区、临床实验室中的干预。所以，数据收集不应该凌驾于临床工作之上，也不应该影响临床工作，它要为临床工作服务。我们喜欢说："数据是你的朋友。"如果数据给人的感觉是敌不是友，那么一定是哪里出了问题。数据收集的现实可行和干预需要之间必须达成某种平衡。

在研究中，数据收集的严谨性是极其重要的。这种严谨不仅是为了证明程序或方案的有效性，也是为了建立实验控制（Sulzer-Azaroff & Mayer, 1991）。随后，实验研究的结果还要通过同行评审期刊在行业内传播，等待其他研究的印证和确认。但是，在干预中，如此的严谨并无必要，甚至可能适得其反。数据收集方法过于严谨的一个缺陷，在于它很难对日常应用环境（即实验室之外）中细微但有重大临床意义的行为变化保持敏感。不能因为这种方法来自实验研究，我们就要像实验研究那样，在临床应用中采用同样复杂的方法。在多数情况下，我们对临床数据的要求比对实验研究数据的要求低很多。此外，我们还要正视现实的局限，即老师和临床工作人员的时间问题。在学生较多的班级，ABA课堂工作是相当紧张的。"平衡"是指在可行范围内获取足量的信息以服务于你的教学或干预工作。

大部分的干预都可以建立起极其复杂、精妙而全面的数据收集系统。但是，你会发现，在应用和社区环境中，数据系统设计得越复杂、耗时，就越不容易被采用。比起这样的系统，那些较为简单但被采用了的系统反而能收集更多的信息。而且，复杂系统往往产生海量的信息，结果不外乎两种：由于数据量庞大、难以消化，大家都懒得去看；或者，为了更明确一些，数据可能会被平均或概括处理。按秒记录的数据被压缩到分钟，按分钟记录的数据被压缩到小时，小时到天，天到周……既然如此，一开始就没必要以秒来记录，精确度低一点反而更合理、更实际。

如果数据收集过程太过繁琐，收集到的信息又特别难以处理，那么数据收集工作就很难推进，就算收集到了信息，也可能被扔在一边不予处理。而且，ABA的重点不在于数据收集，而在于数据分析。收集信息是为了查看和使用。通过数据分析，我们做出干预和教学的相关决定，判断什么有效、什么无效，从而确定我们的计划。如果数据不用来分析和使用，那么数据收集就是一场徒劳。所以，制作数据收集表和确定数据收集及分析方案要遵守的首要原则，就是获取数据的方式要现实可行、用户友好、便于查看分析并对干预有意义。如此，数据就会成为你的朋友。

多样方法和多源信息

在心理评估领域有一个广为接受的观点，那就是评估必须有多种信息来源，以便为评估对象的状态、进展或干预计划的测量获取必要的信息（Vance & Awadh, 1998; Cone, 1998; Merrell, 1998）。这一点同样适用于孤独症谱系障碍（ASD）的评估（Eaves & Awadh, 1998）。鉴于孤独症个体所呈现的多样化的症状和需要，我们可以进行从小范围到整体性的一系列评估，保证必要的信息广度和宽度。此外，由于"硬"检测即验血、核磁共振之类的医学检查目前还无法为孤独症症状的表现或进展提供有意义的信息参考，多源化的信息可以从不同侧面共同支撑评估结果，提高评估结果的可信度。多源信息可以实现不同领域评估结果的相互印证，保证信息宽度，帮助我们掌握关于评估对象的表现、功能和进步的完整情况。多源信息的使用还有助于揭示行为表现存在差异的原因。

多样化的测量方法则包括但不仅限于：对教学或行为表现的客观实时评分、有形产品、结构化观察、自然环境下观察、问卷和量表、直接测验、结构化和非结构化访谈、自制工具、基于课程内容的评估、标准化测验、标准参照测验、常模参照测验等。多源信息可以通过同种或多种评估方法获得。

观察性数据

ABA研究和干预的一个标志性特征在于它对客观数据的收集、分析和使用，这些客观数据又主要通过直接观察的方法获得（Sulzer-Azaroff et al., 1991）。观察性数据的收集虽然不是行为评估的唯一形式，但它不是对动作或行为的主观印象、回忆或理解的记录，而是对观察所得的直接记录。它无关乎对内在过程、过去经历或无形力量的主观假设，它涉及的是可被观察的现象——所有观察者一致认同某种现象正在发生、发生到什么程度（Hall, 1999; Miltenberger, 2001）。

观察性数据的收集是一种"活体"测量，是在现场进行观察或通过影像记录现场的情况。测量必须尽可能与现场保持同步。也就是说，数据是在行为发生的那一刻或发生之后立刻被记录下来的，而不是靠事后回忆得来。回忆得来的信息在准确性和客观性方面会有所折损。观察性评估可以由提供行为服务的个体在服务过程中完成，也可以由专门的观察人员来完成。记录可以在自然情况下完成，也可以在人为情况（即通常所谓的模拟条件）下完成：在学生每天上课时观察，属于自然情况；将学生放到复刻了教室的某些特征（比如，学生使用课桌椅坐着接受教学）的诊疗环境中接受观察，则为模拟情况。

对于将被观察的行为，我们会有清晰的定义，保证观察者之间观察的一致性和信息记录的一致性（Haynes, 1998; Bailey & Burch, 2002）。这些定义被称为"操作性定义"。它们应该清晰并足够详细，使人读之即能复制出被定义的行为（Baer et al., 1968; Baer et al., 1987; Sulzer-Azaroff, 1991）。定义会明确行为的重要维度，比如频率、持续时长、比率、强度、正确与否或行为的出现概率，它们也是测量的重点。数据可以持续采集，即行为每一次出现都被观察并记录，也可以选取有代表性的样本（Bailey & Burch, 2002; Sulzer-Azaroff et al., 1991）。

在孤独症领域，我们所收集的观察性数据一般包括教学过程中（通常为回合尝试教学）表现的正确与否、破坏性行为（比如攻击、不服从、注意力不集中、自我刺激行为）的出现频率或其他重要维度。通常，观察人员需要先接受观察方法的相关训练，直到他们的能力达到规定的标准，即他们的观察记录与其他观察者的记录相一致。这样做可以增加我们对测量的信心，也让测量结果更加"可信"（Green, 1996）。

观察性评估与整体性评估

观察性数据的收集是行为评估的核心环节，因为它较为客观，提供的信息较少涉及猜测、评判、回忆和理解性成分，因此也更有可信度。但它并非 ABA 所采用的唯一测量形式。和任何单一来源的数据一样，观察性数据也存在诸多局限（Romanczyk, Kent, Diament & O'Leary, 1973; Pfadt & Wheeler, 1995）。比如，由于观察性数据往往集中采自某些特定的行为领域，我们很难从中获得关于整体功能的信息。沟通、社交、适应性生活等方面的功能情况需要更多地依靠标准化测验（Watson, 1951）来获得。而标准化测验是有常模可参照的，单个孩子的测验结果可以与同龄多数孩子的表现相比较。虽然观察性数据也可以用来进行一些比较（比如，将观察结果与普通孩子的表现相对照），但它的参照标准通常是不够规范的。另一方面，整体性测验通常不涉及直接的、非反应性的观察和对观察结果的同步记录，因此，它们一般不能提供与自然状态相关的信息。另外，单纯的整体性评估也无法反映学生在具体的关键技能或行为领域的情况，这些情况直接关系到学生的特定需要和干预目标。显然，最好的办法是将观察性数据与整体性功能测量结合起来。至于如何在孤独症领域实现这种结合，加州大学洛杉矶分校的幼儿孤独症项目提供了一个重要的范例。该研究使用了多源化的信息，既有对具体行为的客观测量，也有各种纵向的整体性评估，这种整体性评估的数据可以与普通儿童的数据相比较。这种不同数据的综合运用有力地证明了儿童在接受该项目的密集干预后所取得的进步。

其他评估

虽然观察性评估和整体性评估已经可以提供重要的信息，但我们还有更多好用也值得考虑的测量方法。比如说，自然评估、访谈、问卷等方法可以提供技能泛化和功能性应用方面的信息。课程评估可以直接反映目标技能的掌握情况，评定量表有助于揭示所教技能的临床意义或取得变化的程度（Campbell, Kafantaris, Malone & Kowlaki, 1991; de-Bildt, Kraijer, Sytema, Minderaa, 2005; Matson, Dixon, Matson & Logan, 2005; Mayers, Calhoun, 2004）。

这些不同来源的信息与作为基础和根本的客观评估相辅相成，每一种信息都有各自存在的价值，它们共同勾勒出被评估儿童的功能、表现和进步相关情况的综合图景。

教学数据的收集

回合数据收集是指在回合与回合的间歇，将学生在上一回合的表现立刻记录下来。这是一种持续性的数据收集法。它的同步记录可以减少在稍后回忆时可能出现的差错，使行为数据更为客观。不过，这种数据收集往往比较繁琐，会影响教学及师生互动的流畅性和专注度。很多治疗师和老师声称他们正在收集每个回合的教学数据，但实际上他们不过是在回合记录表上记下自己估计的数据。也就是说，他们会保持正常的干预节奏，然后在某个自然节点（而不是每个回合结束时）停下并记录数据。他们的确记录了每个回合的情况，但这种记录是靠回忆得来的。有时，一些复杂信息被记录时已经隔了一段时间。我们认为这种做法很有误导性。只有同步、持续采集的信息才称得上是回合数据，通过回忆复原的信息就只能是复原的信息。这种做法的出现也表明回合数据的采集具有一定的现实难度，甚至可以说是与教学相悖的。

回忆、概括和估计性的数据通常是在实际教学之后的某个时间点记录的，一次记录几个回合的情况也很普遍。这样的数据收集能降低劳动强度，对教学的干扰也可以降到最小。但除了现实的便利，这种估计性的数据收集方式也存在一些问题。当数据以回忆的方式取得时，尤其是那些需要持续观察和涉及多方面复杂信息（比如，正确与否、辅助情况、有无应答、回合数、行为信息，如果是多人轮流的回合，则几个回合下来多个目标的达成情况等）的数据，准确性会受到不利的影响。

数据取样

在一些情况下，我们会选取样本数据。也就是说，我们只从测量对象的一小部分或有代表性的部分中提取数据。具体到回合尝试教学中，我们可能只取回合的一部分、一节课的一部分或一天的一部分来收集数据。不少研究分析了时间取样法及类似数据收集法的利与弊，尽管这种研究很多涉及的是在人为条件下衡量不同测量技术的相对准确性（Alevizos, 1978; Birkimer & Brown, 1979; Miltenberger, Rapp & Long, 1999; Repp, 1976）。取样不失为一种可行的方法。稍稍用心，我们就可以从较大的现象范围内准确选取有代表性的部分来进行评估。大家比较熟悉的例子是民意调查。我们不必访谈每一位登记选民才可以得出哪位候选人比较受全体选民的支持。类似地，我们也不必吃完整个蛋糕才能知道它的大概味道。不过，如果我们只尝到蛋糕的最表层，而不是纵切的所有层面，那么该样本可能就缺乏代表性了。因此，在采用取样法时，样本选取的频率要高，范围要广（比如，不要总是选在周一），尽可能保证取样的代表性。取样法在应用环境中的另一个潜在问题是，如果不按照预定的采样时间表进行采样，有时我们容易忘记定期采样，这样就会影响样本的准确性。比如，有位老师打算记录学生的不服从行为。如果她的数据取样比较随意，总是想起来才记录，那么，取样结果很可能是不配合行为的出现率高于实际存在，配合行为的出现率低于实际存在。原因是当学生听从指令的时候，老师往往不太会想到记录数据样本。纠正这种倾向的办法，是让某种完全随机或至少与学生的行为不相关的外部因素来提醒我们。比如，用定时器来提醒观察行为的时间，以此来解决我们比较容易注意（因此也比较容易想起记录）不良行为这一常见问题。

我们在孤独症伙伴（Autism Partnership）的诊所对三种不同的数据收集法，即持续/回合记录法、估计法和时间取样法（Papovich et al., 2002）进行过比较研究。我们从准确性（相对于某个准确性标准）、高效性（一节课完成几个回合、掌握一个技能需要几个回合）和偏好度（我们假设偏好度与使用概率相关）这几个方面对三种方法进行了比较。结果表明，持续/回合记录法最准确（虽然有经验的记录者用其他方法也可以保证准确性），估计法最高效（其次为时间取样法），而时间取样法最受偏好。这一研究表明，不同方法各具优势。

鉴于此，在选择数据收集形式的时候，我们一般建议从实际需要出发，再考虑不同形式的独特优势。如果主要考虑实用性，那么一般采用回忆数据，偶尔再采集一些客观的回合数据作为补充。在这种情况下，关于行为表现的客观数据不仅以抽样的方式获得，还可以用作数据准确性的标杆。我们可以将估计性数据与之相对照。如果两种数据结果相近，就说明估计性数据的可信度较高。如果两者不相一致，我们就要想办法（比如，加强估计方法的训练）提高两者的一致性，让回忆数据更具可信度。如果数据的准确性最为重要，那么，我们应该更多地同步采集每个回合的数据。比如，当学生的反应不明确、行为多变或我们需要确认学生的技能掌握情况时，都可以采用这种数据收集方法。当然，即便在这些情况下，我们也可以适当采用取样法，充分利用这一测量方法的便利性。

在对孤独症人士使用"示范—练习—反馈"式的教学，比如互动教学时，我们通常更偏向于任务分析式（而非回合）的数据收集法。使用这种方法时，任务被分成几个小步，对每一个步骤都会测量表现的正确与否，最后得出正确步骤的百分比。与回合数据一样，这种测量也可以以持续的、取样的或估计的方式收集。同样，具体采用哪种方式或哪些方式的组合应该取决于我们需要什么样的信息并兼顾准确性与可行性。

行为数据的收集

孤独症个体的问题行为或破坏性行为包括攻击、不服从、发脾气和自我刺激。这些行为的数据可以从不同角度来采集，包括：频次（行为发生的次数）、出现频率（频次除以时间跨度）、时长（行为持续了多久）、潜伏期（行为延迟多久才开始）、强度或严重程度及出现比率（可能出现的次数中实际出现了几次）（Sulzer-Azaroff et al., 1991）。至于需要采集哪一种数据，则主要取决于问题行为的哪个维度比较重要。比如，全天发脾气的次数可能是比较重要的，因此我们会记录这种反应的发生频次。但也有些个体不经常发脾气，一旦发起脾气就特别持久，这种情况就需要记录持续时长。还有一些个体，相比次数多少和时间长短，我们更需要知道他们行为的严重程度（音量多大、破坏程度如何、用力程度如何等）。再比如，在测量服从行为时，如果只看频次，很可能会导致偏差：假设孩子在周一遵从指令 5 次，周二 20 次。单看频次，我们可能觉得他/她在周二进步了。但假如我们进一步得知，周一老师只发出了5次指令，而周二却有50次，通过比率数据，我们会发现周一的服从率为100%，大大高于周二的40%。

和教学数据一样，我们也可以记录与问题行为相关的持续数据、样本数据和估计数据。还是和教学数据一样，我们建议数据收集方案要与工作的实际需要相适应。一般来说，为了便于操作，我们推荐把估计数据作为常用的测量方法，再周期性地采集持续性数据作为客观标准。两种来源的数据应该经常相互对照，保证估计数据的准确性。

其他信息种类和来源

孤独症个体在干预中的表现或进步情况还可以以其他方式从其他渠道获取。比如，在学校环境中，个别化教育计划（IEP）目标的达成情况就是比较有用的信息。在包括家庭、学校和诊所在内的所有干预环境中，我们可以从教学目标的引入和掌握情况中获得有关进步的重要信息。知道了学生掌握某个目标技能所需要的回合数，我们就可以知道他的技能习得速度。而与目标达成有关的其他信息（比如，自发性语言的数量、在较少限制班级环境中的安置时长、玩伴数量、如厕的成功程度、顺利参与社区活动的时长）则让我们看到他在其他方面的重要进步。

行为训练的逐渐弱化（比如，依联契约的终止、教学时间的减少、代币兑换时间的延长等）可以直接或间接地证明学生的进步。对学生所接触的紧张性刺激的水平或任务的难度水平的说明，为解读频次数据提供了重要的背景信息。比如，如果学生发脾气的次数保持不变，但他/她能够耐受更高水平的紧张性刺激了，那么他/她无疑是进步了。对相关人员（比如家长和老师）进行调查访问所收集的评估数据可以作为核心观察数据的有益补充（Wolf, 1979）。这些数据可以包括个体的进步情况、进步的充分程度、用户对服务的满意度以及服务对他们的影响等。此外，如上所述，标准化测试的结果可以很好地补充观察性数据的不足，让我们看到学生整体的进步和功能情况。

泛化

反映泛化方面的努力和进步的数据也是对成功的重要记录。泛化涉及对已习得技能的独立、恰当的功能性运用，以及行为改变在不同情况和环境下、面对不同个体、在一段时间之后依然能保持一致和稳定（Baer et al., 1968; Baer et al., 1987; Sulzer-Azaroff et al., 1991）。ABA不仅注重儿童技能目标的达成，也注重有意义的功能性技能的培养和独立运用。此外，泛化困难在孤独症儿童中较为常见。正因为他们普遍缺乏自主泛化的能力，所以我们有必要提供专门的系统化训练来促进泛化，并收集相关数据以检验训练的有效性。因此，与技能迁移（从特定对象和情境迁移到各种对象和情境，从结构化的人为环境迁移到非结构化的自然环境，从学习状态迁移到独立的有意义的功能性使用）相关的信息也至关重要。也就是说，除了结构化的教学和训练安排，我们还应该掌握上面提到的各种信息：已经习得的技能能否被独立地运用到有意义的功能场景之中，得到改善的行为在自然场景和日常背景下能否保持稳定。

数据分析

正如上文所说，我们谈论的重点其实不在数据收集，而在数据使用。数据必须与评估问题和干预目标相关，并以可行的方式收集。我们发现，从干预之初（或尽可能早）就开始收集数据有助于员工把握对数据收集的预期目标和节奏，也有利于后期逐步提高这方面的要求。一开始可以只要求记录估计数据，随着干预逐渐进入正轨，再要求定期采集客观数据。当数据收集较为合理时，大家会更愿意参与其中。所以，要注意采集的信息是用户友好型的、容易理解的。当干预人员查看数据并从图表中看到进步时，他们会为自己所做的一切感到自豪，也激动于用数据记录下了这一切。这种感觉会让他们更加积极地投入到数据的收集与分析中去。

至于可行的数据收集系统，我们发现，那种可以将一周的信息全部记到一张纸上的表格比较易于使用和管理。这样，我们从一页纸、一张表上就能看到更多更丰富的表现情况。而且，这些表格还易于汇总，个体的表现和进步情况会一目了然。表格可以直接设计成统计图的样式，这样可以省略将信息转换成统计图的步骤，方便使用者直接进行数据分析。比如，在记录频次数据时，我们可以设计一天一个竖列，每一列都由空白方格组成。上课时，员工可以从当天竖列最底部的空格开始计数，行为每出现一次，就"×"掉一个空格。这样一课一课往上累计，一天结束的时候，我们一眼便能看到竖列中被"×"格子与之前几天被"×"格子之间的高度差异——它们很自然地形成了一个条形统计图。我们发现，在文字表格中以统计图的形式呈现汇总信息的方式有助于简化每周的数据查看和分析工作，即使没有更详细的图表或汇总数据表也足够了。

第十章

功能性行为评估：一种新方法[1]

引言

行为问题对孤独症儿童的影响是巨大的，它们会增加家庭的压力，限制教育安置，降低儿童的整体生活质量。40多年来，为改善孤独症及其他障碍儿童的状况，研究者们始终致力于寻找可以有效减少行为问题的干预方法。大量研究结果表明，成功的行为干预一定是受评估驱动的。

评估结果可以让我们深入理解问题行为的功能。也就是说，我们可以知道问题行为是用来满足何种需要的，什么样的环境条件在助长不良行为。理解了行为的功能，我们就可以建立新的依联依随关系、明确需要教授的替代技能，从而改变行为的环境条件。而新技能的获得应该让学生能够以适应性的、社会可接受的方式来满足他们的需要。

术语

与很多科学学科一样，ABA领域也不乏专业术语和技术行话。虽然大家对一些术语（比如"正强化""消退"和"动因操作"）的用法认识基本一致，但行为分析师之间对不同类型的评估程序的术语却缺乏共识。ABA专业写作者们的用词也各不相同，比如"行为评估""功能分析""功能评估""功能性行为分析""结构化分析""行为分析"等。还有ABA行业之外的人，比如法律和教育从业者，会将同样的术语用成不同

---

[1] 本章作者：特雷瑟·帕克（Tracee Parker），安德烈亚·瓦克斯（Andrea Waks），罗恩·利夫以及克雷格·肯尼迪（Craig Kennedy）。

的意思，给术语运用更添一层混乱。

为了避免这种混乱，我们将遵循 1997 年的《残疾人教育法》(Individuals with Disabilities Education Act, IDEA) 所确立的准则。在 IDEA 中，评估过程被通称为"功能性行为评估"(Functional Behavioral Assessment, FBA)，涵盖一系列源于实证且被广泛使用的行为评估技术。功能性行为评估，顾名思义，是指用客观、可量化的数据来评估行为模式的一套方法。它是制定有效的干预方案以减少或消除问题（"目标"）行为的基础。

我们将建立在功能性行为评估基础上的干预称为"行为干预计划"(Behavior Intervention Plans, BIP)。行为干预计划通常包括在短期内减少问题行为的程序（比如，排除触发、推动或强化问题行为的事件）和着眼于未来教授替代技能的程序。虽然可用的行为干预计划策略有很多，但我们使用的策略应该是基于实证的，是根据功能性行为评估的结果逻辑推导出来的。

传统功能性行为评估方法介绍和比较

功能性行为评估的不同视角：虽然大家一致认同确定行为功能对评估和成功干预的重要性，但对于实现这一过程最有效的程序是什么，业内人士是有分歧的。一种方法强调评估过程的严谨和精确，它会使用高度控制和结构化的方案，基本达到科学研究的标准。另一种方法则注重在学生日常的学习生活环境中进行自然的观察。关于这两种方法的效能，历来争议不断，至今也未有实证能证明两者孰优孰劣。实际上，两种方法在功能性行为评估的过程中各有千秋（Ellingson, Miltenberger & Long, 1999）。

根据方式方法和对数据收集条件控制的不同，行为评估一般可分为三大类。下面是对这些方法的介绍和比较。为了更清楚地说明问题，我们将它们置于一个三层（级）系统之中：

1级：间接评量（查看记录、访谈及问卷调查）

包括查看学生以往的各种记录，通过访谈或问卷从与学生相熟的个体处获得信息。因为这种信息通常是以多种方法从不同渠道获得的，所以它能比较全面地反映学生个体及其当前所处日常环境的整体状况。

查看记录：包括查看以往的各种评估数据、进展报告、IEP、行为干预资料、标准化测验结果或各种轶事记录和主观报告。这些记录中有时会包括过去或当前对学生行为的观察性数据。已有的这些记录可以为我们提供珍贵的信息：当前和以往干预的结果、学生的功能及技能水平、学校安置史、接受过的服务种类、学生与周围相关人员（比如家长、老师或学校其他员工）的关系等。

虽然这些信息不能准确反映学生当前的行为模式，但它提供了重要的背景信息：哪些因素导致了问题行为的发生并在相当长时间内维持了问题行为的存在。结合当前的最新信息，行为分析师就可以理清脉络，计划、设计接下来的评估和治疗步骤。通过这些信息，行为分析师也可以确定谁是最了解学生的人并把他们列为后续访谈和问卷调查的优先人选。

访谈及问卷：此方法需要从熟悉学生、经常与学生相处的个体及学生本人处获取信息。数据可通过访谈或自填问卷的方式获得。这种方式可以让我们获得对行为的最直接的描述，了解环境关联性（即在什么样的条件下目标行为最可能/最不可能发生）、影响行为的一般因素、治疗历史等相关信息。

非标准化方法：行为分析师为了解某一位学生的大致情况及环境状况而进行的有针对性的访谈或问卷调查。这种调查问询的设计和重点通常是以查看以往记录所获得的信息为基础的。

标准化方法：这种方法会使用一些正式的工具，以访谈及/或自填问卷的方式收集信息。这些工具专为收集轶事信息而设计，但比较有结构性和条理性。常用的工具包括《动机分析评定量表》（Motivation Analysis Rating Scale, MARS）（Wiesler, Hanson, Chamberlain & Thompson, 1985）《行为诊断及治疗信息表》（Behavioral Diagnosis and Treatment Information Form, BDTIF）（Bailey& Pyles, 1989）《刺激控制检核表》（Stimulus Control Checklist, SCC）（Rolider & Van Houton, 1993）《功能分析访谈表》（Functional Analysis Interview Form, FAIF）（O'Neil, Horner, Albin, Storey & Sprague, 1990）等。

优势

- 用这些方法获得的信息综合了来自不同专业学科的多种视角，让我们能深入了解学生当前的生活学习环境。
- 查看以往记录可以获得当初同步记录下来的信息。
- 查看以往记录有助于去粗取精、聚焦重要信息，并发现现有资料的不足，明确还需补充哪些信息（比如，还需访谈哪些信息）。
- 有了标准化的方法，对多源信息的整理和比较会变得相对容易。
- 我们可以在实地访问前先行完成这些间接评量工作。

局限
- 文件记录可能含混不清，难以解读。
- 原始资料的提供者（记录者）可能已经无法找到，不能帮助澄清记录中的信息。
- 访谈和问卷调查对象存在记忆不准的问题。
- 原始资料纷繁芜杂，对信息的汇集和整合可能会特别复杂、耗时耗力。
- 与直接观察相比，间接测量受信息提供者主观偏见的影响较大。
- 最重要的是，仅有间接测量还不足以判断行为的功能。尽管如此，即使那些推崇更为严谨方法的人也表示会把间接测量作为评估的最初步骤。

2级：描述性评估

这种方法会对学生的行为进行直接、自然的观察，在此基础上评估并生成对行为功能的假设。观察通常在一种或多种环境背景下进行，对目标行为的记录会联系行为发生前后的事件。2级评估一般包括以下内容：（1）对行为和环境的客观定义；（2）观察的编码系统及规则；（3）数据汇总的定量方法；（4）观察者间一致性（inter-observer agreement）评估。

数据收集： 在这个过程中，观察者直接（但被动地）观察并记录有关学生行为模式的客观数据。每一个目标行为都既有定量（比如，频率、强度、持续时间）数据，也有描述性（比如前提-行为-后果模式）数据。

程序方法： 很多观察测量方法都可用于2级评估。三个常用的方法是：持续观察法（比如记录频率、出现比率或持续时长）、前提-行为-后果（ABC）测量法和叙述记录法。与3级评估不同的是，我们可能会同时收集多个目标行为的数据。

持续时间/期限： 完成此种评估需要的时长和次数取决于目标行为及其模式的多样性和复杂性。不过，在实际操作中，2级评估通常被认为是需要持续进行的。也就是说，一旦确定干预前基线，干预就开始了，评估过程将持续贯穿干预的全程，包括泛化和保持阶段。这样可以不断完善有关行为及其功能的信息。

观察者： 数据多数时候由一位观察者负责收集，而另一位观察者会（偶尔）参与观察信度检验。观察者通常是对学生比较陌生或完全陌生的个体。不过，随着越来越多的老师和学校其他人员接受这种方法的训练，由熟识学生的人负责观察也未尝不可，因为观察的主观性会变得相对可控。

情境背景：指个体、环境和条件。

个体：同时观察学生和与学生常相处的个体（比如员工、家长等）是比较常见的做法。

环境：观察通常在自然情境中进行，学生在其中照常进行各种日常活动。但我们也会特别关注目标行为最容易和最不容易发生在哪些情境中（用于比较）。

条件：通常，我们不会故意改变环境中的典型条件，观察者也会尽量不引人注意。学生的社会意识水平有高有低，因此观察者的存在可能会也可能不会改变他们的典型行为。当然，观察者的存在也可能影响其他人（如工作人员、家长等）与学生的互动，从而间接地改变学生的行为。反复观察通常有助于减少这种影响。

优势：

- 此种评估方法的拥护者认为它比 3 级评估更省钱、更省时。
- 使用直接、同步的观察测量方法可以避免回忆和主观偏见导致的误差。
- 因为在自然情境中进行，所以外力对学生的介入性、干扰性和限制性更小，所得结果的生态效度（对自然和典型状态的体现程度）更高。
- 对多个目标行为的同步观察有助于揭示这些行为之间的相互关系（比如，行为的升级模式 / 周期）。
- 由于评估在自然情境中进行，我们可以在相同情境中进行干预前、干预后的行为对比。
- 有人认为，与 3 级评估相比，即使非专业人员也能在相对短的时间内通过培训学会这一方法的使用。

局限：

- 2 级评估在变量操纵和行为评量中缺乏系统化的精准控制。因此，它不一定有 3 级评估那样的实验严谨度，所揭示的因果关系可能也没有 3 级评估那样令人信服。

3 级：模拟或实验分析

此方法采用单一被试设计，涉及对环境事件的控制性操纵——将它们用作问题行为的前提和正 / 负强化。

数据收集： 3级评估会采用极为精确和复杂的数据收集程序（有时还会用到非常先进的设备），几乎达到了实验研究的标准。具体的精确和复杂程度取决于学生的整体状况和被评估的目标行为。到目前为止，还没有哪种既定的方法可以判断哪一种数据收集或整合工具/策略最好（Bellack & Hersen, 1998），也没有哪种工具/策略表现出了绝对的优越性。至于这些多样化的复杂数据收集及分析方法，由于不在本章讨论范围之内，在此不作赘述。

程序方法： 评估会使用不同种类的单一被试设计来确定行为与环境事件之间的功能关系（Kennedy, 2005）。在这个过程中，前提及后果的施予或撤除都力求严谨，目的是确定这些变量对每一个目标行为的具体影响。执行程序的过程即是在对每一个目标行为进行独立的、有针对性的分析。这种程序一经启动，就会持续进行，直到该行为保持稳定。行为一旦稳定，对它的分析也就完成了，接着便是对另一个目标行为启动同样的程序。对每一个行为的评估都有清晰的起点和终点。

持续时间/期限： 与2级评估一样，完成3级评估所需要的时间也存在很大的差异，具体要看目标行为和引入变量的数量。关于2级和3级评估在持续时间上的差异，文献报告的结果并不一致。3级评估（与2级评估一样）也可在干预前、干预中及干预后进行。

观察者： 观察者通常与学生不熟（很少或从未打过交道）。鉴于3级评估的复杂性，参与评估的人需要有很高的专业素养。一般至少需要2位全职观察者。

情境背景： 指个体、环境和条件。

个体： 即执行评估方案（与学生互动）的个体，通常与学生不熟（很少或从未打过交道）。

环境： 评估需要将学生从经常发生目标行为的自然环境中移出，一般在诊所或实验室进行。

条件： 评估在模拟（高度控制和标准化）条件下进行。

优势：

- 使用直接的观察测量方法，可避免回忆和主观偏见导致的误差。
- 这一方法通常被认为可以通过对功能关系的揭示，更精准地找出环境中的行为决定因素。
- 拥护者认为，这种分析所得出的可靠的评估数据让制定真正个别化的教育计划成为可能。

局限：
- 可能会让问题行为的发展超出可接受的限度。
- 有些行为不适合采用这种评估方式。原因在于：
  （1）它们是通过减轻痛苦条件来维持的（不符合伦理道德）；
  （2）在这些程序条件下，低频行为可能没有被诱导出来（Austin & Carr, 2000）。
- 被选中参与评估的变量可能并非自然情境中实际维持行为的变量。
- 反对者认为它比2级评估更费钱、更费时。
- 3级评估通常在实验室或诊所进行，在这些人为环境中使用介入性程序导致的反应性可能会影响行为，从而影响评估的效度。

3级评估给人的感觉是一种极度精确因而比较准确的评估方式。但由于上述问题和局限的存在，在很多情况下，它可能并不是最准确的评估方式。

一种替代性方法的基础

鉴于不同功能性行为评估方法的相对优势和局限，我们建议以一种新的方式来开展评估，这种方式将最大限度地考虑以下因素：

- **效度**：包括多种信息来源、方法和情境背景。
- **系统化**：以个别化的方式应用结构化又不失灵活的评估程序。
- **效率及效能**：考虑在不同环境中、由不同干预人员实现成功干预的可能性后再做出干预的决定。

接下来我们重点讨论以上各点及它们背后的临床和行为学原理。

多种信息来源、方法和情境背景

从不同渠道、以不同方法、从不同情境背景中取得的信息会有明显的差别。对此，任何一位从事功能性行为评估的专业人员都会深有体会。

- 对于同一个行为，家长与老师的描述往往会有很大的出入。
- 同样地，哪怕在相同情境下，员工之间的观察结果也可能截然不同。
- 即使同一来源、同一时间段内，主观的口头报告也会与书面记录大相径庭。
- 同样地，在同一时间段内，客观行为观察与主观报告的结果可能会有明显的差异，甚至完全对不上，就好像被观察的是两个不同的学生一样。
- 这种差异的潜在原因包括：个人视角不同、所受专业训练不同、对学生了解及关系深浅不同以及主观偏见的存在。检视并对比这些差异可以为行为功能的认定提供重要启发，让有效干预成为可能。

从各种渠道、以多种方法、从不同情境中获取信息对有效干预的重要性是大家所公认的（Bellack & Hersen, 1998）。信息来源、方法和情境越多元，我们对行为功能的推测会越接近"真实"（有效度高）。

个别化评估程序的系统化决定

通过高度的条件控制，最大限度地实现实验级的严谨和精确，被认为是3级评估的优势所在。同样，通过自然观察，尽量减少介入并保持典型状态，被认为是2级评估的一个优点。我们认为这两种观点都未必正确或并非绝对正确。与之相比，我们更建议根据学生的临床状况来决定评估的控制度、精确度、介入度和其他各种参数。

假设2级和3级评估所需费用、时间和专业技能相当，我们建议在确定最佳评估方案时不妨问问以下问题：

——它是否建立在对个体临床需要的系统化评价之上？
——它是否能灵活调整程序以确定行为的主要功能？
——它是否符合学生的最大利益？

我们认为，在很多情况下，我们既没有提出这样的疑问，也没有思考相应的答案，就直接开始评估了。在处理具体个案的过程中系统化地考虑并采纳三种不同层次功能性行为评估的优势，目前还没有成为标准做法。比较典型的做法是不考虑孩子的实际需要或环境条件，直接采用个人偏好的方法。

灵活性

灵活地设计和运用评估方案也不是标准做法。但是，机械刻板的做法对任何一种评估都没有好处，不仅影响评估的质量，导致糟糕的结果，也是对时间和金钱的浪费。

一直以来，2级和3级评估都被认为是两种完全不同的方法。这种观点似乎不无道理，但我们坚信两者之间的差异并非一成不变，我们不应该用僵化的观点来看待和使用它们。没有尝试提高2级程序的控制程度就直接诉诸3级程序，很可能是小题大做。

就算确实有必要用到 3 级程序，遵循严苛的评估方案也许能带来极高的控制和精准度，但这样的控制和精准度也许并无必要或不能代表具体的需要。我们建议将 FBA 程序理解为一个连续体的概念。通常用于区分 2 级和 3 级程序的各个因素分别落在连续体的两端，常规做法和科学研究会在两端之间来回漂移，而传统意义上的 2 级和 3 级评估则可以看作连续体两端的"锚"。

2 级（描述性评估）：连续体的一端是标准的 2 级方法。对行为功能的评估主要通过对行为模式的直接、自然和客观的观察来实现。评估在一个或多个环境中（家庭、学校等）进行，学生照常与大家一起进行各项常规活动。平时的环境条件（如活动、练习或互动）没有发生人为的变化。连续体的这一端代表着高度自然的非人为条件下的最小实验控制。

3 级（模拟功能分析）：连续体的另一端是标准的 3 级方法。评估要求高度控制的、标准化的环境条件，使用系统化的变量操纵以及精确复杂的数据收集程序。连续体的这一端代表着极度人为、不自然的条件下的最大实验控制。

让我们从这两端及两端之间的方法中挑几个变量来进行详细的说明。

物理场所 / 环境

有些行为和模式只在特定环境中发生，在其他环境中不会发生（比如：在操场而不在教室，在超市而不在家中）。这种情况并不少见。

- 在 2 级评估中，可以对自然环境做一定的改变以加强对目标行为影响因素的控制。比如：改变环境布置，让某些物品更容易或更不容易取得，改变学生的座位位置，等等。
- 理论上，3 级程序可以在比较自然的环境即目标行为平时发生的环境，如教室或家中施行。因为程序的推进会打乱正常的常规，所以需要其他人（比如老师或家长）的配合。在特定时间（如上学前或放学后）或自然环境中的不同场所（如某个空房间）进行评估，可以将干扰降到最低程度。

个体

即使在其他条件都相同的情况下，学生的行为也会因为互动对象的不同（比如，在场的是两位与学生熟悉程度不同的员工）而截然不同。进行这方面的差异对比有助于更好地理解行为的功能。有系统地改变人员安排对 2 级和 3 级评估都有好处。

- 可以比较熟悉学生的人和不熟悉学生的人之间的观察结果。
- 对比有同伴和没同伴条件下的观察结果也是有意义的，因为有些行为在同伴不在场时很少被观察到。
- 在2级评估中，可以将不熟悉的人引入到常规之中。
- 可以在观察中将平时与学生有互动的个体（如同伴、学校员工等）有系统地引入和移出环境。
- 熟悉的人可以在3级评估员的引导和指导下对学生实施结构化的方案。

程序方法

在结构化和非结构化条件下观察到的行为模式往往差异极大。

- 以特定方式系统安排评估条件可以提高2级评估的控制度。比如，评估者可以引导员工或家长改变指令、反馈或其他反应方式。当记录显示行为发生改变时，再有系统地引入或撤出这样的变量。

如果你建议员工或家长给孩子某种反应，这种反应可能会加重问题行为，他们往往很难接受（这种立场在应用环境中通常是可以理解的）。一种较好的替代性做法，是建议他们自己去探索什么样的反应有助于促进期待中的替代行为的发生。这样做也能给评估提供重要信息。

3级评估往往坚持实验级的严谨度，这种严谨度达到了科学研究杂志发表论文的标准。无怪乎我们总在文献中看到形式多样、数量众多的3级评估研究论文了。与之形成反差的是，这么多研究中很少有研究涉及干预在诊所或实验室环境之外成功泛化的数据。而在普通的临床实践中，大家也不太会去验证假设变量是否真的引起了不恰当行为。简而言之，如果病人康复并一直保持健康，医生就很满意了。毕竟，好像也没有比这更好的结果了吧？

正式与非正式的FBA：很多有经验的从业者在观察或干预中可以很自如地应用FBA，无论评估或干预当前处于哪个阶段。经历过成千上万次的观察，接触过成百上千个学生之后，这种能力已经炉火纯青，他们无需按照正式的计划进行冗长的观察就可以完成评估并给出高效的治疗方案。这种熟练后的精准度已经被很多特别成功的干预实例所证明。但这并不是说我们可以抛弃正式的FBA。不管从临床、法律还是程序上来说，正式的FBA都必不可少。我们的观点是，在开始耗资费时的正式评估之前，不妨先考虑一下它的合理性（期望的结果与现实环境条件）。

相比于直接应用预设好的标准化 3 级方案，我们可以先试着将学生的正常常规和活动要素融入结构化的程序之中。比如说，我们可以将学生熟悉的与目标行为相关的常规、指令、材料等用到评估方案中，包括布置熟悉的任务或剥夺特定的物品，它们通常都有助于激发目标行为。

核心考量因素

评估程序和方案的系统化、个别化选择往往能立足于学生的需要，有效且高效地收集到具有代表性的优质信息。讽刺的是，我们要实现的这种系统化、个别化的功能性行为评估在整个临床实践中往往既无系统也谈不上个别化。从业者们在选择 FBA 类型或制定个别化方案时，既不能逐步推进，也缺乏客观的标准。而刻板地遵守既定的方案很可能导致无用的结果、不必要的严谨度和介入度以及资源的浪费。学生也会受到妨碍，他们被迫离开正常的常规和环境，去经受不必要的严苛程序，这些程序既没有立足于他们的最大利益，也不具备典型性。

成功的干预必须有一定的实施环境，这种环境能发挥应有的功能，可以有效影响并改变学生的行为。我们在确定最佳干预方案时就要牢记那些影响干预顺利实施的环境和人员因素。

无论评估程序如何，任何干预计划都始终处于一种不断完善的状态。干预的设计和实施是一个持续、动态和流动的过程，我们要持续评估它对行为的影响。学生行为的进步和变化离不开对干预计划的经常性修订，这一点已成为业内共识（Scott et al., 2004）。假如我们无限期地持续采用 2 级程序，那么，通过对目标行为的持续评估，初始评估（治疗前评估）中的失误应该很快就会暴露出来，这让我们有机会对治疗方案进行必要的调整和修改。

有经验的临床人员通常能相当准确地找到要量化的变量并推测出目标行为的功能。

结论

综上所述，本章我们从实证和原理层面介绍了一种更为灵活、个别化和有层次的功能性行为分析的方法。我们的目标是限制数据的收集——只收集有效制定可行的干预计划所必需的数据。这个过程强调对多种信息来源、方法和情境背景的利用。强烈建议让学生团队参与这个过程并提供参考意见。也建议有次序地推进数据的收集和评估工作：先了解一般问题和情况，再有系统地推进到对特定问题的专项调查。每个阶段的汇编数据都会接受审核和评价，在此基础上决定下一阶段的必要性、目的和目标。这种决定既以所得信息为基础，也综合考虑其他因素，包括效率、必要性、代表性、尽可能使用最小介入性和限制性程序以及让学生能获得最大收益。

附录 A：ABA 人员培训课程内容

> **培训大纲**
>
> 一、概述：ABA 与孤独症
> 二、教室环境
> 三、课程
> 四、ABA 教学
> 五、强化
> 六、行为训练
> 七、数据
> 八、教室团队、职业精神及沟通联络

一、概述：ABA 与孤独症

这一部分概述 ABA 及孤独症相关内容，使受训者建立这方面的基本理解，为接下来的学习打下基础。由于这方面的内容自成体系，足以构成完整的课程，所以概述部分点到为止，只介绍理念基础和核心内容。

可以追溯 ABA 的历史根源并谈谈该学科的实证本质。也可以讲 ABA 处理的是与个体行为相关的可观察、可测量的现象以及对环境条件的控制。还可以讲讲操作性行为（受其后果控制的行为）及应答性行为（受前事控制的反应）的基本特征和相关理论。

可以介绍孤独症诊断标签的由来。从 ABA 的角度，即根据行为表现，定义孤独症。详细介绍行为过度（比如攻击、发脾气、自我刺激、不服从）和行为障碍（比如语言／沟通技能、社交技能、游戏和休闲技能、生活自理能力、认知能力等方面）以及它们呈连续体分布的表现情况。将孤独症的行为性与过去及当前人们对孤独症病因及疗法的诸多错误认识和主观推测作比较；也将这种行为性与心理及精神病从业人员目前所使用的《精神障碍诊断与统计手册》（DSM-IV-TR）中对孤独症及相关障碍的临床诊断定义进行比较。谈谈目前人们对孤独症潜在病因的理解，介绍对病因假设的批判性分析模板。

接下来可以讨论对孤独症的 ABA 研究（包括与这一方法有关的事实与谬见），谈一谈伊瓦尔·洛瓦斯博士在这方面所做的开创性工作以及加州大学洛杉矶分校"幼儿孤独症项目"的长期效果调查。再进行 ABA 和其他行为方法的比较，包括关键反应训练（PRT）、随机教学、语言行为方法、活动时间表及结构化教学（TEACCH）等。最后，详细谈谈 ABA 方法的发展，包括它越来越自然和灵活的趋势。

概述：ABA 与孤独症

（一）什么是 ABA

1. ABA 历史。

2. 基本理论 / 原则。

（1）外部因素：行为和环境

（2）行为的习得性

（3）可观察、客观性

（4）实证支持

3. 操作性行为。

（1）ABC 模式

（2）行为功能

4. 应答性行为。

（1）定义

（2）对比操作性行为

（二）从 ABA 视角看孤独症

1. 错误认识。

2. 连续体 / 谱系分布。

3. DSM-IV-TR 中的定义及 PDD（广泛性发育障碍）。

4. 行为障碍。

5. 行为过度。

6. 对病因的主观推测。

7. 试探 / 替代疗法。

8. 目前的基因及神经生物学解释。

9. 孤独症意识、批判性分析、消费者权益保护。

(三) ABA 与孤独症

1. 早期干预。

2. 程序方法研究。

3. 效果研究。

4. 其他 ABA 方法。

（1）关键反应训练（PRT/NLP）

（2）语言行为方法

（3）随机教学

（4）活动时间表

（5）TEACCH

5. 目前的发展情况。

培训方法：

- 讲解。
- 讨论。
- 阅读：《孤独症儿童行为管理策略及行为治疗课程》（罗恩·利夫、约翰·麦克伊钦）

    《让我听见你的声音：一个家庭战胜孤独症的故事》（凯瑟琳·莫里斯）

    《孤独症幼儿行为干预》（*Behavioral Intervention for Young Children with Autism*, Maurice, Green & Luce）

    《孤独症儿童的世界》（*The World of the Autistic Child*, Siegel）。

二、教室环境

这部分内容与独立的孤独症教室的物理设置有关。重点在于课堂的教学训练内容与实际的教室环境之间相互作用、相互依赖的关系。

强调要重视教室设计的功能性，从区域的命名、空间的使用、课桌椅的摆放，到促进衔接转换、满足学生的具体需要，都是需要考虑的因素。谈谈刺激、课程和强化材料的存放和整理，以及它们的恰当性和取用的便利性。关于教室装饰，强调环境应具有教学意义，尽可能接近普教教室，与教学主题相关、有吸引力并与学生的年龄相称。再谈谈这种做法之所以具有教学意义以及环境的自然性之所以能够促进泛化的基本原理。

详细谈谈教室时间表。需要强调的重要因素有：整个班级的时间表、个别化因素、节奏、不同教学安排和形式、现实可操作性、对时间表的持续复盘等。另外再谈谈独立教室的适当分区（不同中心、主题区）或分课程时段，保证对核心课程的覆盖以及尽量向普教靠拢。

最后，重点谈谈教室的组织条理性：人员排班和任务分配、教学准备、情况记录和课时计划的制定，以及这些安排与高效操作之间的关系。

教室环境

（一）设计和设置功能合理

1. 基本原理：对孤独症儿童教室环境有重大影响的物理布局因素有很多。有吸引力、轻松愉悦、整齐有序且有趣的教室会让孩子不由自主地想要待在那里。教室应该让他们感到自在、安全、有学习的动力。课堂安排可以为学习定下基调并提供学习的机会，能考虑并支持学生的行为需要，促进学生独立、顺利地完成不同区域间的活动转换。

2. 区域划分明确。

3. 最大限度地利用有限的空间。

4. 桌椅安排的目的性。

　　（1）划分学习区域

　　（2）隔断禁入区域，但允许在学习区域间自由活动

5. 考虑转换衔接区/制度、轮换时的"人流量"及学习区域的两用性。

6. 教室布置考虑学生的个别化需要。

　　（1）行为方面的问题

　　（2）注意力分散性

　　（3）普通同伴

　　（4）班上学生的其他特定需要

7. 教室设置应被看作一个不断进化发展的过程。

8. 材料在恰当的学习区域有序收纳和展示，兼顾实用、安全和取用的便利。

9. 材料干净、完好且功能良好。

10. 材料有助于目标技能的习得。

培训方法：

- 阅读：《创意课程》（*Creative Curriculum*）第四章。
- 讲解。
- 举例/示范。
- 练习：针对上述教室设计的前5个要素，对两个教室设置样本进行评价。讨论观察了哪些积极方面、对不足之处有哪些可能的解决办法。将这些要素运用到受训者自己的教室设计之中。指出积极的方面及如何弥补不足；需要的话，可以在等比例缩小的教室模型中重新进行教室布置。
- 后续的课堂咨询应该涉及这方面内容的应用、复盘和反馈。

（二）教室环境应令人愉悦且符合学生的年龄

1. 基本原理：令人愉悦、明显积极的环境可以为学习定下同样的基调。令人愉悦的技能教学材料不仅更吸引人，也更容易激发孩子的反应。激励性的、高度兴趣化的主题单元区为在有意义的情境中教学新知识和新技能提供了样板。采用与年龄相称的材料教学新技能则可以让学生掌握更多恰当的社交参与方式，促进亲社会行为的发展。

2. 教室装饰的目的性（学习技能、数字、字母等）。

3. 教室装饰和材料在主题上与教学相关。

4. 教室装饰与年龄相称。

5. 教室环境应该提供丰富的读写机会。

6. 教室环境应该整洁、有序、能吸引人。

7. 材料应该与年龄相称。

8. 材料的展示方式应有吸引力。

培训方法：

- 研读附表中的建议材料。
- 讨论。
- 对教室环境的必要组成部分进行实例分析和评估。
- 练习：让受训者找找自己教室里有哪些材料与学生年龄不相称。
- 找到可承载相同教育功能且与年龄相称的材料。
- 与员工头脑风暴，找到更多替代材料；"设计一个墙面活动"。
- 后续的课堂咨询应该涉及这方面内容的应用、复盘和反馈。

（三）结构/时间表

1. 基本原理：制定时间表和常规对建立一致性和可预见性至关重要。一致性和可预见性能让学生以放松自在的心态独立并顺利地参与到全天的活动之中。有明确的时间表并不等于缺乏灵活性。恰恰相反，我们最终应该用时间表来教授差异性、自发性、忍耐力和适应性。明确而清晰的时间表也有利于我们充分利用教育学生的机会。

2. 时间表制定好后张贴到教室的显眼位置，便于日常参考使用。

3. 时间表的设计要符合学生的动态需要。

4. 时间表应接受评估和调整以反映学生的需求变化。

5. 时间表要有个别化元素。

　　（1）对主时间表的独特变更

　　　　①学生的特定参与目标

　　　　②不同的活动/常规

　　　　③特定的参与时长

　　（2）必要时制定并张贴个人时间表

6. 站点/中心/学科/课目/活动的设置力求多样而平衡，以促进主动学习、拓宽关注面、增加吸引力。

　　（1）对于比较年幼的学生，可按活动和目标来划分学习区域（站点/中心）。

　　　　①小组/圆圈时间

　　　　②家务/想象/角色扮演/假装

　　　　③桌面玩具/操作活动

　　　　④语言中心

　　　　⑤图书角

　　　　⑥艺术

　　　　⑦电脑

　　　　⑧室内粗大运动游戏

　　（2）对于年龄稍长的学生，可按学科或课目来划分区域。

7. 标示一对一教学、小组教学或大组教学。

8. 如果有自由教学时间，应该考虑学生的个别化需要（比如，是需要一对一教学，还是学习向小组和大组活动过渡的衔接技能）。

9. 运动性活动应标示室内或室外。

10. 活动中要实现的目标可纳入时间表或单独张贴在活动区域内。

（1）可列举语言/沟通、社交、游戏、粗大运动和学业等领域的目标

（2）可标注个别化课程或课程层次（见"课程"部分）

11. 员工分配/轮班时间表可纳入时间表或单独呈现在相应区域内。

12. 尽量减少闲暇时间，增加可教学时间和积极投入的时间。

13. 时间表由员工维护并执行。

培训方法：

- 讨论。
- 时间表样例。
- 练习：仔细研究示范班的时间表。找出哪些安排比较积极合理；假设学生的需要发生某种变化，找出哪些方面需要调整。说一说以上观点的理论依据。受训者根据自己班的教学需要评价自己班的时间表。判断哪些方面需要调整。说一说这些调整的理论依据。
- 与巡回的实习辅导老师合作，在你的班级制作类似的时间表。
- 后续的课堂咨询应该涉及这方面内容的应用、复盘和反馈。

（四）组织条理性

1. 基本原理：组织条理性是一堂课成功的基础。教学材料和记录资料备齐收妥，教室员工分工明确、职责清晰，可以给员工营造一种事半功倍、从容自信的氛围，从而极大地影响对学生的教学成效。在组织有序的课堂里，闲暇时间会被压缩到最少，教学时间将被充分用于系统化的个别化技能教学。

2. 做好准备是关键。

（1）准备好必要的教学材料

（2）做好教室结构/设置安排

（3）计划好教学活动

（4）提前明确对行为的预期

3. 数据/记录资料整理妥当（见"数据"部分）。

（1）方便拿取

（2）易于使用

（3）易读易懂

4. 教学主题应与学生的年龄相称、反映在课时计划的制定中并紧扣课程内容（见"课程"部分）。

5. 课时计划应涉及学生的个别化目标、相应的课程内容、目标行为、教学活动、教学材料和嵌入强化物（见"课程"部分）。

6. 学生及员工的转换和轮流应平稳顺畅，最大限度地促进学习。

7. 员工职责、学生任务以及相关轮换都应该是明确的，并且将其清楚地告知所有员工。

8. 学生及员工的任务轮换应该反映班级的具体需要。

9. 员工的任务和职责分配也应反映员工的强项和弱项。

培训方法：

- 讨论。
- 在示范教室观察并讨论。
- 练习：受训者研读员工任务分配计划表样例。明确员工职责、轮班情况、学生/员工任务轮换并提供理论解释。使用"教室组织自查清单"。
- 后续的课堂咨询应该涉及这方面内容的应用、复盘和反馈。

\	学前班时间表（样例）
8:00-8:30	**入园游戏** 游戏技能 / 社交技能 / 强化评估
8:30-9:00	**入园圆圈活动** 整班教学
9:00-10:00	**中心轮换** 认知技能（分层的 IEP 课程） 视需要进行小组或一对一教学
10:00-10:30	**课间休息** 嵌入社交、游戏等技能教学
10:30-11:00	**点心** 嵌入沟通、社交、生活自理等技能教学
11:00-12:00	**中心轮换** 认知技能（分层的 IEP 课程） 视需要进行小组或一对一教学
12:00-12:45	**午餐** 嵌入生活自理、沟通、社交、游戏、学校常规等技能教学
12:45-1:30	**中心轮换** 认知技能（分层的 IEP 课程） 视需要进行小组或一对一教学
1:30-2:00	**离园圆圈活动** 整班教学

三、课程

这部分一开始就承认：在教育行业内外，对"课程"一词的定义不一。为方便讨论，这里的课程特指教学内容。孤独症学生教育的核心是 ABA 课程。教学目标被分成多个可教学的部分（通常源于个别化教育计划目标）和教学阶段，它们共同组成了系统化 ABA 教学的内容（见《孤独症儿童行为管理策略及行为治疗课程》一书中的课程）。

除了 ABA 课程，州或学区的年级核心课程、主题元素、行为训练、教学主题区（或站点、中心、课）及教学性项目或活动共同构成了多层次的教学内容（教育上被称为"鹰架"）。举例来说，如果州指导方针中建议的年级能力包括电脑操作能力，那么学习电脑就会纳入班级的每日时间表中，成为中心教学的一部分。如果有关于海底生命的主题教学，那么关于海洋生物的教学内容就会写入当天的课时活动计划之中。大部分普教学生的教学内容到此就差不多了。但孤独症学生的课程鹰架内还另有层次，它还包括用来强化任务专注力的行为训练方案和在小组中学习听从两步动作指令的 ABA 课程等。

这种分层课程与典型的一对一密集教学形成对比，后者往往只有清一色的 ABA 课程。ABA 课程在家庭、机构甚至学校的抽离式教学中的好处是不容置疑的，但分层课程情况更接近普教环境的课程，因此也更有利于促进泛化。此外，在一个关于分层课程的研究中（Taubman, Soluaga, 2002），我们发现，采用课程鹰架之后，学生未经直接教学就附带习得了分层课程中的其他元素（在该研究中为主题元素）。在可能的情况下，就像普教中的鹰架课程一样，分层课程也可以成为 ABA 教室中促进成功的有用元素。

这部分着重探讨结构化教学内容的理论基础，包括它在系统化教学、个别化、IEP 执行和进步评估中的重要作用。认识到 ABA 课程除认知和学业技能以外还涉及哪些技能也是这部分的内容之一。这些技能包括沟通、社交、休闲与游戏、在校技能（比如，举手、排队、食堂常规、静止铃等）以及学会学习的技能。此外，强调应该把已有课程当参考而非教条来用。

最后，强调 ABA 课程怎样受目标驱动，这种目标驱动性又如何决定课程开发和课程内容，课程要素如何整合，学生如何通过课程获得进步，如何评估进步，等等。

课程

（一）什么是课程？

1. 对"课程"的定义缺乏共识。

2. 狭义上指学生所学科目，广义上指学生在学校指导下在校内外的全部体验。

3. 可包括州或学区核心课程、年级课程框架、班级教学计划、课时计划、教学策略、教学训练方案、个别化（调整版）课程。

4. 本节内容中的"课程"指 ABA 教学内容（比如，《孤独症儿童行为管理策略及行为治疗课程》一书中的"课程"）。具体包括：系统化教学的目标技能、先备技能和子技能以及要达到的目标。

5. 多层次课程的融合（比如，将个别化课程嵌入以中心为基础的教学内容、主题覆盖和核心课程之中）及课程与 IEP 的关系是必须考虑的因素。

培训方法：

- 讲解 / 讨论。
- 阅读 / 参考：《孤独症幼儿行为干预》（*Behavioral Intervention for Young Children with Autism*, Catherine Maurice）

  《EASIC：习得性沟通技能评估》（*Evaluating Acquired Skills in Communication*, Riley）

  《教我学语言》（*Teach Me Language*, Freeman & Dake）。

（二）为什么我们需要 / 使用课程（ABA 教学内容）？

1. 它是用来协助教学基本技能的"工具"。

   （1）是一种引导

   （2）是可变通而非刻板教条的

2. 为满足学生的需要而设计，可高度个别化。

   （1）根据学生的个体需要选择并调整教学方案，行为有障碍则予以补足，行为过度则授以替代技能

   （2）确定技能需要的优先顺序及相应的功能性课程

   （3）必要时可开发新的教学方案

3. 它将总体目标转换成具体的教学内容。

4. 它能体现教学的进展。

（1）包括先备技能、不同阶段及拓展

（2）但不一定总是线性的，会表现出不同方面内容的相互关联

（3）促进教学的系统化

5. 它为评估进步提供标准（基于课程）参照。

6. 它是综合的：教学方案涉及学习的不同方面，包括学习准备、语言与沟通、游戏与社交、生活自理、精细及粗大运动、认知以及学生所需要的其他任何技能。

7. 它有助于提升教学的计划性，因为它包含事先开发好的教学内容（避免重复劳动）。

（三）认识课程（ABA教学内容）

1. 课程形式。

2. 技能领域。

（1）学会学习：先备技能

（2）语言/沟通

（3）社交/情绪情感

（4）游戏

（5）生活自理

（6）认知

（7）环境相关

①家/家庭；②社区教学；③学校要求与常规、认知及学业技能。

（8）学会学习：泛化学习过程

3. 认识课程及技能领域。

（1）明确课程中包括哪些教学方案

（2）明确一个教学方案包括哪些阶段/组成部分

培训方法：

- 讲解/讨论。
- 阅读：《孤独症儿童行为管理策略及行为治疗课程》。
- 练习：（1）选出几个常用的教学方案（比如，非言语模仿、配对、接受性指令、表达性命名），让受训人员阅读这些方案的内容介绍。演示不同的方案（通过角色扮演、视频、中心教学等），让受训人员说出每一个方案的名称。在受训

人员能熟练说出方案名称后，引入新的方案继续练习。

（2）演示一个方案的不同阶段，让受训人员说出它们分别属于初级、中级还是高级阶段。让他们演示某个特定方案的不同阶段。

（四）目标驱动性：理解课程背后的目的

1. 课程的目标驱动性。

2. 适用性和功能性。

3. 多目标同时推进。

（1）微观／即时目标

（2）宏观／关键领域目标

4. 认识课程目标。

（1）明确教学方案背后的目标

（2）判断实现一个目标必须采用哪些方案、经历哪些阶段

培训方法：

- 讨论。
- 练习：（1）让受训人员明确特定方案的目标。讨论（详细说明、调整等）。

（2）给受训人员一个目标（比如"提高注意力"），让他们说出所有有助于实现该目标的方案。

（3）让他们为某个特定学生做个别化调整——处理不同功能水平的学生（无言语→对话）与不同阶段的教学方案（非言语模仿→语言描述）之间的对应关系。

（五）课程进展

1. 课程的线性视角。

2. 课程的相互关联性视角。

3. 方案内各阶段的次序。

（1）什么样的次序／进展

（2）如何上下移动、向前推进

4. 课程的次序。

（1）什么样的次序／进展

（2）如何上下移动、向前推进

5. 技能掌握：没有绝对标准。

（1）80%

（2）表现稳定，不受治疗师和课次的影响

（3）随机轮换

6. 并非所有学生都遵循规定的次序。

（1）总有许多特例，我们必须弥合差距

（2）个别化必不可少

培训方法：

- 讨论。
- 展示课程视角模型（饼图 vs 树状图）。
- 练习：（1）限时排序比赛：让受训人员在规定时间内排列某个教学方案各阶段的次序（通过练习纸、闪卡等）。让他们演示某个方案的初级和中级阶段。

　　　　（2）让他们排列不同方案的次序。有什么问题？给出不同的阶段……简单点了吗？为什么觉得困难？指出其中有很多交叠，并非完全按次序排列。

（六）课程评估

1. 基本原理。

2. 课程评估。

（1）是什么

（2）怎么做

3. 功能性评估（见"行为训练"部分）。

4. 任务分析。

（1）是什么

（2）怎么做

5. 其他评估（见"数据"部分）。

6. 个别化课程。

培训方法：

- 讨论。
- 查看评估方案和完整的评估案例。
- 通过视频观看课程评估过程的片段。

- 练习：对示范教室的学生进行部分的课程评估，例如，"从《孤独症儿童行为管理策略及行为治疗课程》中选一个方案进行任务分析""对以下各方面某一项技能进行详细的任务分析：生活自理、精细动作、游戏、社交"，比较受训者为示范教室学生所做的任务分析与培训师所做的任务分析。
- 后续课堂咨询应该涉及这方面内容的应用、复盘和反馈。

（七）课程开发：以目标和基准为方向

1. 课程与个别化教育计划的相互关系。

   （1）相互影响

   （2）必要时相互匹配和适应

2. 进行技能和行为评估。

3. 必须明确当前要教的目标技能。

   （1）学生缺乏哪些技能（行为不足）

   （2）教授哪些替代行为（行为过度）

4. 确定学生基准和目标。

5. 制定教授当前目标技能、达到相应基准和目标所必需的课程。

   （1）列出所有教学训练方案/阶段

   （2）详细说明各方案与目标技能、基准及目标的关系

   （3）确定方案的优先顺序

   ①需要的迫切性

   ②必要的先备条件

   ③关键领域考量

   ④现实可行性考量

6. 课程应用（见"ABA 教学"和"行为"部分）。

7. 持续的课程审核和优化。

   （1）视需要进行评估和调整

   （2）评估课程与 IEP 之间的联系

培训方法：
- 讨论。
- 范例。

- 练习：根据示范班学生的需要开发课程（非完整课程）和相关基准及目标。根据受训人员自己班上学生的需要制定课程（完整课程）。
- 后续课堂咨询应该涉及这方面内容的应用、复盘和反馈。

（八）如何嵌入课程：将课程渗透到日常教学之中

1. 融合／课程分层的基本原理。

　　（1）IDEA：接触核心课程

　　（2）通过融合拓展学习的边界

　　（3）激发动力

　　（4）效率与随机学习

　　（5）接近自然的学习安排

　　（6）普通同伴和反向融合学生也能从中受益

2. 课程层次包括：

　　（1）年级核心／学术性课程

　　（2）主题覆盖和教学

　　（3）站点／中心／主题区／课

　　（4）站点／中心／主题区／课内活动

　　（5）个别化课程

3. 教学方法（见"ABA 教学"）。

4. 课时计划。

　　（1）计划制定、结构、材料及系统化

　　（2）持续评估及调整

培训方法：

- 讨论。
- 在讨论中观察。
- 练习：受训人员带领教室活动（比如，小组唱歌、美术项目、课间活动、数学竞赛等）并在不同时间点插入个别化课程（一开始单个学生，逐渐增加到多个）。
- 后续课堂咨询应该涉及这方面内容的应用、复盘和反馈。

四、ABA 教学

（一）孤独症学生的 ABA 教学

1. 基本原理（见"概述"部分）。

2. 与其他要素 / 部分的整合。

　　（1）课程

　　（2）行为训练

　　（3）强化

　　（4）材料和环境

　　（5）团队

　　（6）数据

3. 与学生需要直接相关。

（二）教学初始阶段

1. 容忍和调整

2. 建立友好关系 / 强化价值

3. 评估

4. 试探

5. 逐渐开始教学

（三）教学后续阶段

1. 持续引入不同的教学形式

2. 全面实行必要的个别化教学方案

3. 适时撤出个别化教学方案

培训方法：

- 讲解。
- 讨论。
- 阅读：《孤独症儿童行为管理策略及行为治疗课程》。
- 视频示范及现场真人示范。
- 练习：

　　指令——依据指导原则评价范例，用不同指令进行练习。

辅助——观看有关提示的视频或真人示范，找出其中的辅助类型和无意辅助。

强化物——按字母顺序罗列各种强化物和反馈意见。
- 实践体验，着重于各教学要素和指导原则的运用。
- 后续课堂咨询应该涉及这方面内容的应用、复盘和反馈。

（四）教学技术和系统

1. 回合尝试教学。

　　（1）回合尝试教学是"好"的教学

　　　　好教学的要素（见《孤独症儿童行为管理策略及行为治疗课程》一书）

　　（2）组成部分

　　　　①指令

　　　　②反应

　　　　③反馈/强化（见"强化"部分）

　　　　④辅助

　　　　⑤回合间歇

　　（3）指导原则（见《孤独症儿童行为管理策略及行为治疗课程》一书）

2. 互动教学。

　　（1）组成部分

　　　　①发起及命名

　　　　②理论说明

　　　　③演示/介绍

　　　　④练习

　　　　⑤反馈

　　　　⑥强化（非必需）

　　　　⑦延续声明

　　（2）分层教学/泛化计划

3. 塑造。

4. 链锁。

　　（1）正向链锁

　　（2）逆向链锁

5. 行为动量。

6. 流畅度（fluency）。

7. 预告（priming）。

8. 示范。

（1）直接

（2）观察学习

（3）视频

（4）图片

（5）成人及同伴

9. 辅助和替代沟通。

（1）PECS（图片交换沟通系统）

（2）WECS[①]（文字交换沟通系统）

（3）手势语

（4）仪器设备

（5）视觉沟通策略

10. 随机教学/捕捉可教学时机。

11. 应答技巧。

（1）脱敏/中和/反制约（counter conditioning）

（2）容忍和管理

培训方法：

- 讲解。
- 讨论。
- 观看视频和真人示范。
- 角色扮演/实践体验，着重于技术和系统及其组成部分的运用。
- 后续课堂咨询应该涉及这方面内容的应用、复盘和反馈。

（五）教室/学校教学的形式和方式

1. 个别化教学。

（1）密集

（2）个别化

---

① 编注："WECS"全称为"Word Exchange Communication System（文字交换沟通系统）"，与"PECS"相同，但使用的是文字而不是图片。

（3）促进系统化

（4）单独教授技能或技能的组成部分（具体而集中的关注）

2. 小组及大组教学。

  （1）基本原理

    ①提供社会接触和社会交往以及发展社交意识和社交技能的机会

    ②提供观察学习的机会

    ③发展集体教学相关技能

    ④自然/泛化

    ⑤效率

  （2）集体教学类型

    ①相继式

    ②合唱式

    ③交叠式

    ④不同类型的运用和整合

  （3）学生目标的层次/进展

    ①靠近/在场

    ②做好学习准备

    ③参与

    ④泛化已习得技能

    ⑤习得新技能

  （4）教学安排

    ①小组

      A. 老师在前面

      B. 两三名学生

      C. 无辅助人员或辅助人员在学生身边

    ②大组

      A. 老师在前面

      B. 辅助人员在学生身后

  （5）人员职责

    ①所有人

      A. 知道系统化教学所必需的个别化目标和集体目标

B. 知道辅助策略及当前的辅助水平

C. 知道当前所处的阶段和复杂程度

D. 知道行为策略 / 方案

②教学人员

A. 次序、要素、活动、主题

B. 速度和节奏

C. 教学主导

D. 强化

E. 不同类型集体教学的平衡与融合

F. 行为训练

G. 辅助人员的统筹安排

③辅助人员

A. 配合并响应教学人员

B. 监管

C. 示范

D. 辅助

E. 强化

F. 可能与教学人员同步进行教学

G. 可能与教学人员一起进行行为训练

培训方法：

- 讨论。
- 阅读：文章《集体回合尝试教学》*(Group Discrete Trial Instruction)*。
- 练习：观看真人或视频示范，指出不同的集体教学类型；观看视频，讨论老师和辅助人员之间的配合情况。
- 观看视频及真人示范—旁听参与—作为辅助人员实践参与—体验小组教学。
- 后续课堂咨询应该涉及这方面内容的应用、复盘和反馈。

（六）整合 / 融合

1. 基本原理。

2. 连续体及个别化应用。

3. 准备就绪。

（1）《成功融合预测量表》（Scales for Predicting Successful Inclusion, SPSI）

（2）《退出标准检核表》（Exit Criteria Checklist）

（3）行政支持/校园态度/文化

（4）特教老师

（5）普教老师

（6）安置

（7）资源与支持

4. 哪儿（环境）。

5. 多久。

6. 何时（科目、活动、时间表某一部分）。

7. 融合水平。

（1）接触

（2）参与

（3）调整的/平行教学和课程

（4）辅助教学

（5）融合教学

8. 典型同伴。

（1）特征

（2）角色

①榜样模范

②辅导者/教师

③社交诱导者

④社交发起者

⑤知情的社交接受者

⑥玩伴

9. 过渡衔接计划。

10. 影子辅助人员。

（1）谁来担任及培训

（2）评估职责

（3）参与必要的辅助教学

（4）辅助和提示

（5）行为训练

（6）教学

（7）配合普教和特教老师

（8）一般的前提操控

（9）与同伴一起充当社交诱导者

（10）实现干预和有引导的自然发生之间的平衡

（11）逐渐退出以促进独立

11. 混合教室及反向融合。

培训方法：

- 讨论。
- 范例。
- 讲义资料：《成功融合预测量表》及《退出标准检核表》。
- 练习：假设场景，判断融合条件是否成熟，制定融合计划。
- 后续课堂咨询应该涉及这方面内容的应用、复盘和反馈。

（七）风格要素

1. 建立友好关系。

2. 维持友好关系。

3. 尽可能保持恰当的积极态度。

4. 必要时保持中立。

5. 保持恰当的活力和热情。

6. 有趣和自然的平衡。

7. 发展自然、个性化的风格。

8. 用不同方式对待不同学生。

9. 适龄。

10. 尊严与尊重。

11. 职业性（见"职业精神"部分）。

培训方法：

- 讨论。
- 范例。
- 练习：观看视频，讨论/评估其中涉及的风格要素。
- 实践体验，着重于风格要素的运用。
- 后续课堂咨询应该涉及这方面内容的应用、复盘和反馈。

（八）教学策略及重要考量

1. 系统化。

　（1）目标

　（2）进展

　（3）监控和评估

2. 教学的广泛渗透。

　（1）贯穿全天

　（2）利用碎片时间并捕捉可教学时机

　（3）强度和节奏

3. 教学要素的整合。

　（1）教室要素

　（2）学生之间

　（3）教室与学校及学区之间

　（4）不同教学形式之间

　（5）同一教学形式之内（以多种方式同时推进多项技能目标）

4. 独立/抽离式教学（不一定指物理意义上的）。

　（1）必要条件

　（2）为了集中教学或完善技能

　（3）与嵌入式教学相配合

5. 嵌入式教学。

　（1）基本原理及优势

　（2）保持系统化面临的挑战

　（3）何地、何时

　　　①在集体中

②在站点/中心/课时/科目中

③在课堂及户外活动中

④在不同场所/环境中

6. 分层教学（见"课程"部分）。

7. 教学的平衡。

（1）活动辅助与真正的教学

（2）个人与集体

（3）独立式与嵌入式

（4）结构化/有计划的教学与捕捉可教学时机

（5）有引导的自然发生与直接教学/干预

（6）强度与节奏

培训方法：

- 讲解/讨论。
- 观察。
- 练习：观看视频或真人示范中的教学策略，找出并评价关键要素。
- 实践体验，着重于各要素的运用。
- 后续课堂咨询应该涉及这方面内容的应用、复盘和反馈。

五、强化

（一）什么是强化？为什么使用强化？

1. 强化是指为了提高行为出现概率而呈现或去除某种刺激的过程。

2. 我们之所以使用强化是因为它是确立、增强并保持行为的手段。

3. 强化为学习提供动力，是教学的基础。

4. 强化是积极的、合乎道德的、学生偏好的方式。

5. 强化的使用有很多实证支持。

（二）怎样使用强化？

1. 强化种类。

（1）积极强化：呈现刺激以提高反应

（2）消极强化：去除刺激以提高反应

（3）一级强化

（4）二级/条件性强化和概括性强化

2. 强化法则（具体内容见《孤独症儿童行为管理策略及行为治疗课程》一书）。

培训方法：

- 阅读《孤独症儿童行为管理策略及行为治疗课程》"强化"一章的内容。
- 读完后，使用"强化法则"为主题开展情况报告会。
- 将书中的"强化法则"一章的内容作为讲义发给实习人员，请他们说一说每条法则背后的原理。

（三）评估与识别过程

1. 列出可观察到的学生的偏好。

   （1）学生空闲时做什么？

   （2）他/她容易被环境中哪些物品所吸引，似乎比较喜欢哪些物品？又是如何使用这些偏好物品的？

   （3）偏好有哪些重要特点？

   比如，你观察到孩子在空闲时反复"开灯—关灯"。想想孩子享受这个动作的点在哪里？他是喜欢灯光的闪烁，摁开关的声响，一上一下的动作，还是教室里人们的反应？通过这种评估有效判定行为的潜在控制力量。

2. 基于对偏好的观察结果，找到潜在强化物。

3. 可以考虑的做法：

   （1）善用现有偏好，将偏好转化为恰当的物品、活动和行为。

   比如，你观察到孩子喜欢开关灯时灯光的闪烁，于是找到了这些潜在强化物：闪光陀螺、发光弹力球、手电筒、夜光玩具等。

   （2）将现有偏好稍做变化或置换。

   比如，你观察到孩子喜欢"跑"，于是找到了这些潜在强化物：赚取超人斗篷（穿上就可以跑）或追逐卡（用于兑换课间的奔跑机会）。

   （3）融入自我刺激行为的相关因素。

   比如，你观察到学生喜欢用橡胶毛毛球摩擦脸部（触觉刺激），于是找到了这些潜在强化物：羽毛笔、兼有不同质感的书、丝巾等。

4. 试用你所选中的潜在强化物（看学生是否喜欢），开发并提升强化价值。

（1）在"游戏"时间，在效力更强的强化物之间穿插使用潜在强化物

（2）无条件（非依联）地提供你选中的物品，允许自由使用该物品

（3）表现你对该物品的热情以"推销"之

（4）将潜在强化物与已有强化物（原始强化物和条件强化物）联系起来（"配对"）

（5）在试用潜在强化物时，你可能要限制强效强化物的使用。因为与之相比，目标强化物的吸引力可能会稍逊一等。

（6）评定学生的偏好程度（无、低、中、高）

5. 建立强化等级系统。

根据学生的喜好程度，将依联行为使用的强化物分成不同等级：A级（极度渴望）、B级（非常喜欢）、C级（轻度强化物）。

培训方式：

- 观看视频并进行强化物评估。
- 给受训人员指派一名学生，让他们根据学生一天的活动列出可观察到的偏好和潜在强化物（比如，"自由游戏"：列出观察结果；"圆圈时间"：列出观察结果；"中心活动""点心""课间""粗大运动/适应性体育"等）。在当天选一个试用强化物的时间（比如，中心轮换）。让他们根据评估结果，评定该学生对强化物的偏好程度并建立强化等级系统。
- 讲义资料：《强化调查表（教室专用）》《创意强化法》《强化物分级》《发展性游戏创意》。

（四）选择过程：需要考虑的因素

1. 适龄性。

比如，两位不同年龄的学生都喜欢看东西掉落/筛落。

①学生A（3岁）的强化物是卡通小象吹蝴蝶玩具（Elephon），他会看到蝴蝶纷纷往下掉。

②学生B（10岁）的强化物是弹珠筒（Kerplunk），他会看到弹珠掉下来。

2. 现实可行性。

比如，圆圈时间很难用史莱姆彩泥（Gak）做强化物，因为它容易被弄得一团糟。但在美术/感觉中心就比较可行，因为那里不怕脏乱，学生也相对较少。

3. 干扰程度。

比如，一位学生的强化物可能是另一位学生行为问题的前提。

4. 即时性。

比如，有些强化物需要一定的时间来准备和交付，对于需要立刻得到强化物的学生就会成为一个问题。这样的强化物也会影响行为的动量。

5. 集体效应。

比如，圆圈时间你可以使用两种强化物——泡泡和气球。10个学生中有2个喜欢泡泡，7个喜欢气球。你选哪一种？答案是气球，因为喜欢气球的人更多。

6. 时间/活动（时间表）。

比如，在点心时间，你会比较倾向于用特殊的食物做强化物（比如糖果、金鱼饼干等）；在美术中心，你会倾向于用感觉玩具（Gak软泥、剃须膏）做强化物。

7. 与教学/课程的主题相关性。

比如，如果上课内容是关于"海底生物"，你可以采用这些强化物：会说话的玩具鱼、带鱼形部件的水管玩具、海鱼贴纸等。

8. 效力。

比如，你可能需要少用或慎用效力微弱（激励性极小）的强化物，也需要控制强效强化物的使用（效力太强也可能是种干扰）。

培训方式：

- 教学讲解：逐一查看受训人员制定的强化分级表，结合上面谈到的各种因素，判断哪些强化物最适合日常使用。

（五）运用强化

1. 时机和依联。

强化应立即使用（至少在开始时应如此），应具有依联性，应持续使用。

2. 频率/程序。

（1）强化的应用应该视学生的需要而定

（2）一开始应采用持续性强化

（3）再逐渐改用间歇性强化

①比率强化

②时距强化

3. 命名。

视学生需要，提供清晰的描述性反馈，帮助建立依联关系。

4. 差别性。

学生更好的反应应该得到更好的强化。

5. 并行性。

在回合中及回合间使用强化时，不仅强化正确的表现，而且根据现有标准，强化其他值得强化的行为。

6. 嵌入性。

作为活动 / 上课内容的一部分。

7. 可用性 / 计划性。

预判可能的强化机会并提前做好计划，做到强化物随时可用。

8. 多样性。

变换 / 轮番使用强化物，提高新鲜感，尽量减少餍足心理，也让剥夺的建立操作发挥最大的效用。

9. 积极投入。

教学人员应该提供社会性强化并积极投入到强化 / 强化性事件中去，提高社会性强化物或有形强化物的价值（推销强化物），并抓住社交互动的机会。

培训方式：

- 让受训人员练习将强化贯穿于全天之中。使用强化效能评估表。

（六）逐渐撤出强化

1. 强化减少：从持续性强化变为间歇性强化。

（1）持续性强化是指每次出现期望 / 目标行为都给予强化

（2）间歇性强化是指间发性的、通常不太容易预见的强化

（3）从持续性强化转向间歇性强化是撤出强化的关键步骤

2. 强化转移：转向更自然、更切实可行的强化。

（1）开发更为自然的强化物（比如：玩具而非食物，人 / 社会性强化物而非玩具，社会性强化物而非有形物品，等等）并让学生多接触，同时减少人为附加的后果。这样就是在撤出强化了。

（2）见"强化开发练习"。

3. 强化延迟：不再追求即时性。

当期待的反应出现时，等待几秒再发放强化物（原来为半秒）；用代币充当延迟强化物；等等。

培训方式：

- 让受训人员根据上述策略，观察为学生提供的强化程序并制定强化撤出计划。
- 受训人员为自己班上的学生识别、挑选、确定强化物和制定使用计划。
- 后续的课堂咨询应该涉及这些方面的应用、复盘与反馈。

（七）强化系统（见"行为训练"部分）

强化法则

1. 强化物应该具有强化作用并体现个体差异。
2. 强化应该具有依联性。
3. 应该使用多种强化物。
4. 社会性强化物应与一级强化物相配对。
5. 减少强化物餍足效应。
6. 持续开发和寻找新的强化物。
7. 使用与年龄相称的强化物。
8. 不可预见性和新奇性可以大大提升强化的效力。
9. 在最初阶段，强化应立即出现。
10. 在最初阶段，应持续予以强化。
11. 强化应尽快开始撤出。
12. 在最初阶段，命名正在被强化的行为。
13. 最终，强化应该是切实可行且自然的。
14. 使用差别强化。
15. 不要贿赂！

强化调查表

潜在动因物（Potential Motivators）	激励等级			
	无	低	中	高

强化开发方案

目标：

1. 为学生确立有效的强化物
2. 激发行为变化
3. 提高生活质量

促进强化物开发的建议：

- 观察学生在可以自由选择的情况下会做什么（比如，他在闲暇时做什么？他有哪些自我刺激行为？），找出潜在动因物（motivators）。
- 让学生接触潜在强化物（reinforcers）[1]。试过才知道！
- 让学生自由使用潜在强化物。
- 为了预防餍足心理、保持强化价值，有必要交替使用偏好活动/物品和同级别的其他强化物。
- 限制强效强化物的使用：只在特定时间（比如，仅限于结构化教学中）或特定行为（服从、保持冷静等）出现时才给予。让家长将某些强化物锁起来。也记得收好你的 A 级强化物。
- 将潜在强化物与已有强化物联系起来（"配对"）。
- 在"游戏"时间使用潜在强化物。在使用强效强化物的过程中穿插使用目标强化物。
- 表现你对目标强化物的热情以"推销"之。
- 好的"包装"可以把很普通的小玩意变成强化物。发挥创意，以多种方式呈现强化物。

> "如果没有好的强化物，还不努力开发，那就索性回家去吧。"

---

[1] 编注：此处的潜在强化物与上文中的潜在动因物指代相同，只是在表达上有差异。

创意强化法

薯片	1. 用玩具小车将薯片运送给学生。 2. 用木偶给学生送薯片。 3. 将薯片放在"魔盒"里。 4. 用飞机形状的勺子将薯片喂给孩子。 5. 将薯片放到学生口袋里。
豆袋	6. 将豆袋放到学生衬衣里。 7. 将豆袋放到学生头上。 8. 将豆袋扔给学生。 9. 将豆袋"啪嗒"掉到学生手上并发出搞怪的声音。 10. 用豆袋摩擦学生的手臂。

（以下内容由工作人员填写）

马克笔	11. _____ 12. _____ 13. _____ 14. _____ 15. _____
声管	16. _____ 17. _____ 18. _____ 19. _____ 20. _____
彩色卡纸	21. _____ 22. _____ 23. _____ 24. _____ 25. _____
泡泡	26. _____ 27. _____ 28. _____ 29. _____ 30. _____
贴纸	31. _____ 32. _____ 33. _____ 34. _____ 35. _____

创意强化法（圆圈活动）

今天是——①

星期一：**四季豆**……
1. 绿色长条气球
2. _____
3. _____

星期二：**意大利面**……
1. 弹出蛇（又称"面条"）
2. _____
3. _____

星期三：**汤**……
1. 装有零食的小碗
2. _____
3. _____

星期四：**烤牛排**……
1. 压扁的棕色彩泥块
2. _____
3. _____

星期五：**鲜鱼**……
1. 唱歌/说话鱼
2. _____
3. _____

星期六：**鸡**……
1. 橡皮鸡
2. _____
3. _____

星期日：**冰激凌**……
1. 冰激凌震动笔
2. _____
3. _____

大家肚子饿了，快来一起吃光光！

---

① 译者注：以下内容为英文儿歌"Today is Monday"，与艾瑞·卡尔（Eric Carle）的同名绘本内容一致（直观形象，建议参考）。场景是在圆圈时间唱这首儿歌。一周7天，涉及7种食物，用到7种相关强化物，大多为感觉刺激物或安抚玩具。儿歌直译过来会失去原有的风味，但这种创意值得借鉴。

强化评估

	观察结果 1	观察结果 2	观察结果 3
使用的强化物有效。			
强化发生在期待的行为之后(时机把握好)。			
使用了多种强化物。			
社会强化物和有形强化物进行了配对。			
在努力开发强化物。			
使用了与年龄相称的强化物。			
能根据学生需要及时提供强化。			
能持续提供强化。			
员工没有施行贿赂。			
员工使用了差别强化。			

评估意见:

_____

_____

_____

_____

_____

强化物分级

A 级：

1. _____
2. _____
3. _____
4. _____
5. _____
6. _____
7. _____
8. _____
9. _____
10. _____
11. _____
12. _____
13. _____
14. _____
15. _____
16. _____
17. _____
18. _____
19. _____
20. _____

B 级：

1. _____
2. _____
3. _____
4. _____
5. _____
6. _____
7. _____
8. _____
9. _____
10. _____
11. _____
12. _____
13. _____
14. _____
15. _____
16. _____
17. _____
18. _____
19. _____
20. _____

C 级：

1. _____
2. _____
3. _____
4. _____
5. _____
6. _____
7. _____
8. _____
9. _____
10. _____
11. _____
12. _____
13. _____
14. _____
15. _____
16. _____
17. _____
18. _____
19. _____
20. _____

六、行为训练

（一）总体考量因素

1. 用行为方法解决孤独症学生反应困难的基本原理。

2. 团队合作/持续性。

3. 行为训练的重要性质。

4. 反应性和主动性干预的平衡。

（二）问题行为

1. 定义问题行为及与孤独症相关的问题。

2. 破坏性行为带来的挑战。

3. 行为习得性。

4. 行为功能性。

5. 操作性和应答性因素。

6. 操作性定义。

（三）功能性评估/行为方案

1. 行为的功能。

2. 前提。

3. 后果。

4. 功能性评估的方法。

   （1）观察

   （2）访谈

   （3）功能分析

5. 从功能分析到行为计划。

培训方式：

- 讲解。

- 讨论。

- 通过阅读材料理解概念和基本原理：《行为矫正：原理与方法》（Miltenberger）第13、第15、第20、第22、第23章；《行为分析带来持久改变》（Sulzer Azaroff & Mayer）第9、第10、第12、第13、第24章。

- 范例：目标行为、功能性评估以及根据评估结果制定出的行为计划/方案。
- 观察从功能性评估到制定行为计划的整个过程。
- 实例教学：功能性评估的操作。
- 练习：对示范教室学生进行部分的功能性评估练习。与现有的或培训师的功能性评估相比较。
- 受训人员给自己班上的学生进行功能性评估。
- 后续的课堂咨询应该涉及此方面内容的应用、复盘与反馈。

（四）反应性行为训练

1. 行为升级周期。

（1）是什么、分哪些阶段

2. 何时干预、何时不干预。

（1）越早越好

（2）一旦升级就不再干预

（3）现实考量

①安全

②控制事态（"不伤害"原则，阻止问题恶化）

3. 反复的权力之争。

（1）长期获益有限

（2）无意强化

4. 及时止损。

（1）何时

①无绝对标准

②越早越好

（2）为什么

①优先处理急需解决的/现实的问题

②减少无意强化

③长期获益有限

5. 攻击行为类课程（如CPI、MAB、MANDT、PART）的资料管理。

6. 减少无意强化。

（1）怎么做

①对以求取关注为目的的破坏性行为尽量不予关注

②对逃避/回避行为尽量快速做出反应

③对以挑衅为目的的行为尽量不做反应

④对有交流意图的行为尽量不做交流性反应

⑤对以控制为目的的行为尽量不予妥协

（2）为什么

①强化具有个人性（"不行"可能意味着"行！"）

②避免强化非期待行为

③有助于强化期待的替代行为

7. 处理情绪。

（1）定义

（2）何时该、何时不该

①以回避、控制或破坏为目的的行为，通常可以尝试去调节情绪

②以求取关注为目的的行为，如果需要较高的投入度，可能就不太适合

③注意情绪升级的可能性

8. 对破坏性行为的反应技巧。

（1）技巧

①纠正

②分散注意力

③打岔

④建立并利用行为动量

（2）提示和辅助

（3）机会制造者

（4）情境管理与行为管理

（5）反应性优势

（6）反应性劣势：反应性训练可能会替代主动性训练

9. 塑造行为降级。

（1）对降级了的行为进行差别强化

（2）避免煽动情绪：进退和缓

（3）逐渐学习、长期积累：教授情绪缓解技能

10. 行为抑制因素。

（1）往积极方向引导

（2）抑制因素与厌恶刺激

（3）不予强化

（4）暂停/终止偏好活动（当问题行为出现在偏好活动中时）

（5）反应代价

（6）观察和间接学习

（7）消退与强化减少

11. 强化（见"强化"部分）。

（1）及时发现好表现

（2）及时发现未出现破坏性行为

12. 以响应者为导向的响应。

（1）发现

（2）经验判断

培训方式：

- 观察并讨论。
- 实例教学：以班上需要用到反应性策略的学生为基础进行假设。
- 角色扮演反应性场景。
- 在示范教室出现需要反应性应答的情况时，在直接督导下适当介入。
- 练习：为示范教室的学生制定反应性策略并加以应用。
- 为受训人员班级的学生制定反应性策略，并最终加以应用。
- 后续的课堂咨询应该涉及此方面内容的应用、复盘与反馈。

（五）主动性行为训练

1. 替代技能教学。

（1）替代行为的功能

①受相似依联控制的替代行为与受其他强化物控制的替代行为

②替代行为因人而异

（2）任务分析（见"数据"部分）

（3）教学技巧（见"ABA教学"部分）

（4）教学的时间安排和频率

（5）渐进式方案

　　①不同层级

　　②泛化计划

（6）应答性训练

　　①脱敏/中和

　　②压力/愤怒/沮丧情绪管理

2. 行为管理计划和安排。

（1）对替代技能的系统性强化

（2）对未发生问题行为的系统性强化

（3）差别强化方案

　　①差别强化低频行为（DRL）

　　②差别强化其他行为（DRO）

　　③差别强化替代性行为（DRA）

　　④差别强化不相容行为（DRI）

（4）行为管理计划系统和安排

　　①物品兑换计划/直接强化

　　②代币制

　　③积极暂停（time-in）

　　④依联契约

　　⑤自我管理

培训方式：

- 讨论。
- 主动性方案的范例。
- 观察主动性方案的制定。
- 观察主动性行为训练。
- 实例教学：以班上学生为基础假设主动性方案的制定。
- 为示范班学生制定主动性方案。
- 在示范班应用主动性计划（在适当的情况下受训人员在直接督导下参与替代技

能的教学训练以及主动性行为管理计划的应用）。
- 受训人员为自己班上的学生制定主动性方案。
- 最终在直接督导下在自己班上应用主动性计划。
- 后续课堂咨询应该涉及此方面内容的应用、复盘与反馈。

（六）前提操控计划

1. 建立操作（如餍足、剥夺）。
2. 反应难度（比如，提高非期望行为的难度，降低期望行为的难度）。
3. 机会减少计划（比如，让问题行为发生的机会更少）。
4. 机会最大化计划（比如，让期待行为、新行为有更多运用和获得强化的机会）。
5. 创造选择的机会和选项。

培训方式：
- 讨论。
- 前提操控计划范例。
- 观察前提操控计划的制定。
- 观察前提操控类行为训练。
- 实例教学：以班上学生为基础假设前提操控计划的制定。
- 为示范班的学生制定前提操控计划。
- 在适当情况下受训人员在直接督导下在示范班应用前提操控计划。
- 受训人员为自己班上的学生制定前提操控计划。
- 最终在直接督导下对自己班上的学生应用前提操控计划。
- 受训人员对自己班上的学生进行功能性评估并制定完整、综合的行为方案。
- 最终在直接督导下对自己班上的学生应用完整、综合的行为计划。
- 后续课堂咨询应该涉及此方面内容的应用、复盘与反馈。

七、数据

（一）数据收集与分析的理论基础

1. 客观性/观察——ABA 与众不同的核心。

2. 减少主观性，增加客观支持。

　　（1）文件记录及保护

　　（2）可防卫性："没有文件记录等于没有发生。"

3. 评估和明确问题。

4. 控制变量（功能性评估）。

5. 干预变量（完整性测量/员工特征）。

6. 有效性：制定干预计划。

7. 成本/益处/副作用评估。

8. 社会效度及消费者因素考量。

9. 现实可行性/操作性/行政性评估。

10. 长期的总体效果。

（二）总体考量因素

1. 数据是工具。

2. 进展/忠实性评量。

3. 技能习得。

4. 质性方面（包括学会学习）。

5. 行为。

6. 需要与 IEP 相关联。

7. 基线和干预。

8. 独立掌握考量。

9. 泛化考量。

10. 现实可行性考量必须与目标相平衡。

　　（1）全面性（需要多少）

　　（2）广泛性（多久一次）

　　（3）客观性与主观性的平衡

11. 使用者友好是关键。

　　（1）数据收集中

　　（2）数据汇编及分析中

12. 数据记录。

　　（1）保密性

（2）存取

　　①打印稿

　　②电脑

13. 数据收集计划。

　（1）哪些数据

　（2）何时收集

　（3）由谁收集

14. 数据收集方案和形式应该与需要相适应。

15. 数据收集过程的灵活性和动态性。

（三）数据收集的基本组成部分

1. 基本原理。

2. 行为的操作性定义。

3. 数据收集形式。

4. 数据收集方案（类型、形式、计划）。

5. 直接观察。

6. 录视频。

7. 主观评估。

培训方式：

- 讨论。
- 阅读：《行为矫正：原理与方法》（Miltenberger）第 2 章、第 3 章；《行为评估实用手册》（Bellack & Herson）第 1 章。
- 范例/样本。

（四）**数据收集类型**

1. 持续型。

　（1）定义

　（2）原理

2. 间歇型。

　（1）定义/种类

　（2）原理

3. 时间取样法。

　　（1）定义 / 种类

　　（2）原理

培训方式：

- 讨论。
- 练习：拍手练习；体验观察评量的过程（看视频或真人示范）。

（五）数据收集形式

1. 技能习得。

　　（1）每个回合的数据

　　　　①定义

　　　　②使用 / 应用

　　　　③相应的数据收集形式

　　（2）任务分析

　　　　①定义

　　　　②使用 / 应用

　　　　③相应的数据收集形式

　　（3）技能引入 / 独立掌握

　　　　①定义

　　　　②使用 / 应用

　　　　③相应的数据收集形式

　　（4）IEP 目标达成

2. 技能习得中的质性方面。

　　（1）视情况和需要而定

　　（2）包括学习准备程度和"学会学习"的要素

　　　　①专注于任务 / 开小差

　　　　②应答 / 无应答

　　　　③保持动量 / 动量失衡

　　　　④投入 / 专注 / 联结度

　　　　⑤信息处理

⑥流畅度 / 反应延宕 / 响应速度

⑦泛化

⑧自然性

⑨自发性 / 主动发起

⑩一般能力

3. 行为。

（1）频率

①定义

②使用 / 应用

③相应的数据收集形式

（2）概率 / 比率

①定义

②使用 / 应用

③相应的数据收集形式

（3）持续时长

①定义

②使用 / 应用

③相应的数据收集形式

（4）强度

①定义

②使用 / 应用

③相应的数据收集形式

（5）评级 / 等级（主观评估）

①基本原理

②定义

③使用 / 应用

④相应的数据收集形式

培训方式：

- 讨论。

- 接触各种形式的样例。
- 见证真实的行为评量过程。
- 练习：活动练习，如跳绳、Bop-it 节拍反应游戏、中老年健身操、呼啦圈等（选择最适合的数据收集形式）；数据收集练习：实地观察并记录不同形式的数据收集过程（视频、作为现场观察者、作为干预者和观察者）。

（六）数据分析

1. 基本原理及需要考虑的因素。

2. 数据折叠、压缩、汇编。

3. 图表呈现。

  （1）统计图

  （2）数据表

4. 数据解读。

  （1）更少推断、更多把握

  （2）结果及假象和异常

  （3）数据作为治疗决定的依据

培训方式：

- 讨论。
- 示范和练习：用之前记录的数据示范并练习数据的汇编、呈现及解读。

（七）数据收集和分析系统的开发和使用

培训方式：

- 讨论。
- 观察数据收集和分析系统的开发。练习：为示范班学生开发并使用数据收集系统（技能及行为）；为自己班的学生开发数据收集系统。
- 后续课堂咨询应该涉及此方面内容的应用、复盘与反馈。

（八）全面/标准化评估（视情况而定）

1. 目的。

2. 智力和成绩。

3. 适应性生活。

4. 发展性。

5. 心理性。

6. 言语。

7. 其他功能领域。

（1）游戏/休闲/娱乐

（2）社交技能

（3）行为

（4）学校适应/成功/融合准备程度

培训方式：

- 通过阅读、讨论，简单介绍这个领域以及常用的测量工具，并视情况呈现相关材料。

八、教室团队、职业精神及沟通联络

（一）重要考虑因素

1. 教室团队内部及团队之间专业合作的重要性。

2. 发展与维护团队的重要性。

3. 强大的领导力和凝聚力的重要性。

4. 是否会妨碍项目/教学要素的操作和实施。

5. 分帮结派的问题。

6. 需要统一的底层价值取向。

7. 需要持续、系统化的机制和努力。

（二）职业精神

1. 法律及伦理准则。

（1）认识

（2）解决疑难问题的参考资料

2. 外表与着装。

（1）安全

（2）与职位相符

（3）与活动相符

（4）得体

3. 行为。

（1）尽职尽责

（2）可靠

（3）及时跟进

（4）尊重的态度

（5）积极的方式

（6）关爱和共情

（7）开放性、可得性、响应性

（8）一般态度

（9）解决问题时的建设性

4. 职业边界。

（1）坚守本职

（2）披露信息

（3）公私分明

（4）双重关系

（5）有效性/成绩/成就

培训方式：

- 讲解/讨论。
- 参考资料（如法律及伦理准则、学区政策等）。
- 书面情景练习；基于实例的角色扮演。

（三）教室团队的建立与维护

1. 在风格上求同存异。

2. 团队/教室文化的重要性。

3. 尊重、贡献和角色意义的重要性。

4. 团队领导与团队合作的平衡。

5. 结构/机制与适应性的平衡。

6. 需要持续的监督、评估和必要的调整。

7. 团队例会的重要性。

(1) 对培训

(2) 对情况复盘和汇报

(3) 对主动性和计划性

(4) 对一致性和持续性

(5) 对良好团队及团队合作的其他要素（如下）

8. 良好团队及团队合作的要素。

(1) 沟通机制

(2) 问题解决机制

(3) 培训

(4) 领导风格

(5) 监督管理

(6) 支持和资源

(7) 协作

(8) 认可/肯定

(9) 持续性/一致性

(10) 职权明确

(11) 明确而协调的项目/教室结构

(12) 明确的目的和目标

(13) 共同立场/团队认同/教室文化

培训方式：

- 讲解/讨论。
- 观察。
- 书面作业。
- 练习："你会如何维护良好的团队关系及团队合作？"
- 后续课堂咨询应该涉及此方面内容的应用、复盘与反馈。

（四）教室团队的绩效与技能

1. 岗前培训。

2. 初始培训。

3. 持续辅助。

4. 持续培训、反馈和督导。

  （1）主动性的

    ①个体

    ②全班

  （2）反应性的

    ①基于事件的、即时的

    ②基于主题的、延迟的

    ③个体

    ④全班

5. 视情况提供支持性联合培训。

6. 视情况进行绩效评估。

7. 确立培训和督导方案。

8. 关注领域。

  （1）对学生的监控

  （2）与学生相处

    ①不止与成人相处或忙于其他事务

    ②接近学生

    ③与学生互动

    ④对学生进行教学和训练

  （3）按要求进行合作

  （4）遵守政策、程序和指导方针

  （5）适当的主动/独立/创新

  （6）开放性/响应性/态度

  （7）团队合作

  （8）职业精神（见上文）

  （9）多方意见和信息的整合

  （10）大局观和细节

  （11）教学和训练技能

    ① ABA 及其他教学技术

② ABA 行为管理和教学技术

③ ABA 的其他干预能力

④ 与角色相关的其他能力（如环境设置、信息记录等）

⑤ 风格要素

⑥ 理论意识和目标意识

培训方式：

- 有示范的讨论。
- 实践体验：给示范点的员工提供协助、培训、反馈和督导。
- 练习：（视情况）进行绩效评估练习；"你将如何调整示范班的培训方案"；为自己的班级设立培训和督导方案。
- 后续的课堂咨询应该涉及此方面内容的应用、复盘与反馈。

（五）与其他专业人士、机构和服务提供者合作

1. 挑战。
2. 包括校内外各种专业人员。

　　（1）行政管理人员

　　（2）其他教师

　　（3）言语病理学家

　　（4）作业治疗师及物理治疗师

　　（5）适应性体育（APE）教师

　　（6）心理学家

　　（7）精神病学家

　　（8）行为专家

　　（9）内科医生

　　（10）其他人员

3. 跨学科团队合作。

　　（1）可能的跨学科评估：团队成果

　　（2）可互换性和嵌入性：推入式（push in）与抽离式（pull out）

4. 常规接触/沟通。

　　（1）不仅限于出现危机/问题时

　　（2）输入与输出

5. 问题解决机制。

6. 视情况进行跨站点访问。

7. 通力协作。

8. 角色分工明确。

9. 职业精神（见上文）。

10. 建立专业人员联络制度／方案。

   （1）在最初接触时即提出

   （2）内容

   （3）相关人员

培训方式：

- 讲解／讨论。
- 视情况在机会允许的情况下进行观察。
- 联络制度范例。
- 练习："为你的班级建立联络制度"。
- 后续的课堂咨询应该涉及此方面的应用、复盘与反馈。

（六）与家长／家庭合作

1. 合作。

   （1）基本原理

   （2）挑战

   （3）以共情为出发点

2. 持续接触／沟通。

   （1）沟通机制

   ①持续沟通，而不仅限于出现危机／问题时

   ②日志簿、家庭留言条及数据信息

   ③电话例会

   ④不定期的、积极主动的线下会议／会诊

   ⑤一般信息传播（简报、网站等）

   （2）家长参观访问

   ①观察

   ②访问制度

3. 家长 / 家庭的参与及意见。

（1）家长论坛或家长咨询（或类似的）委员会

（2）家长协助活动或教室工作

4. 视情况进行家长培训。

5. 问题解决机制。

6. 职业精神（见上文）。

7. 建立家校合作制度 / 程序。

（1）在学生被安置时即提出

（2）相关人员

（3）内容（包括沟通机制及方案）

培训方式：

- 讲解 / 讨论。
- 示范讨论。
- 典型场景的书面练习。
- 典型实例的角色扮演。
- 练习：提供一个从学校员工立场书写的有关某家校问题的场景，要求受训人员从家长立场重新描写这一场景。让受训人员制定：家校沟通表、访问制度、问题解决制度、家长论坛会议的推荐议程。"为你的教室制定家校合作制度"。
- 后续的课堂咨询应该涉及此方面内容的应用、复盘与反馈。

（七）抗拒 / 不满

1. 既可能是团队内部的问题，也可能是团队外部的问题。

2. 是一个过程（往往是长期的过程）。

3. 沟通和问题解决机制以及积极主动性是关键。

4. 合作提升主人翁精神、投入度和认同感。

5. 既努力解决和补救明显的问题，也解决不易觉察的问题。

（1）努力发现各种形式和表现的抗拒 / 不满

（2）努力找出产生抗拒 / 不满的各种潜在原因

（3）努力通过协作和建设性的方式找到积极的解决方案

（4）有对补救性计划进行审核、评估（甚至调整）的制度和安排

6. 当内部的补救措施无效时，借助外部的支持性资源、人员和实体来解决问题。

7. 对比较棘手的情况，有赔偿、规避、终止或其他应对计划。

培训方式：

- 讨论。
- 范例：接触有解决方案的模拟场景。
- 场景书面练习和角色扮演。
- 练习：观看存在各种抗拒/不满情况（员工、专业人员、家长）的视频，让受训人员发现这些不满表现、找出潜在的原因及可能的解决方案。为比较棘手的情况预先列出潜在的外部支持资源和应对机制。为他们自己的班级制定沟通和问题解决机制（见上文）。
- 后续的课堂咨询应该涉及此方面内容的应用、复盘与反馈。

附录 B：教室检核表

附录 B 包含两个部分：

1. 教室辅助检核表

"教室辅助检核表"较为简短，它是"教室检核表"的简化版，但又采用了独特的评分标准。目的是方便提供反馈意见，辅助咨询、督导和监管工作。

2. 教室检核表

"教室检核表"篇幅较长，内容与"培训课程"紧密相关。目的是辅助周期性的教室评估工作，协助完成对忠实性和质量控制的评估以及培训和咨询效果的评估。

学校 _____ 年级/班级 _____ 教师 _____

日期 _____ 教学人员数 _____ 学生人数 _____

教室辅助检核表

按照以下标准，给所有项目的质量情况打分：
1 需要大量培训　　2 处于发展早期阶段　　3 中间阶段　　4 后期阶段　　5 已经掌握

有准备/结构/组织

1. 准备的充分程度　　　　　　　　　　　　1 2 3 4 5 不适用
2. 数据/记录的整理　　　　　　　　　　　　1 2 3 4 5 不适用
3. 教学主题/课时计划　　　　　　　　　　　1 2 3 4 5 不适用
4. 学生的轮换流动　　　　　　　　　　　　1 2 3 4 5 不适用
5. 教学人员的轮换和分工　　　　　　　　　1 2 3 4 5 不适用

教室设置和教室环境

1. 班级设计和设置的功能性　　　　　　　　1 2 3 4 5 不适用
2. 教室环境的适龄性　　　　　　　　　　　1 2 3 4 5 不适用
3. 教室环境的主题性　　　　　　　　　　　1 2 3 4 5 不适用

刺激/课程材料

1. 材料的整理　　　　　　　　　　　　　　1 2 3 4 5 不适用
2. 材料的状态/清洁度　　　　　　　　　　　1 2 3 4 5 不适用
3. 材料的适龄性　　　　　　　　　　　　　1 2 3 4 5 不适用
4. 材料的实用性/功能性　　　　　　　　　　1 2 3 4 5 不适用
5. 材料的吸引力　　　　　　　　　　　　　1 2 3 4 5 不适用
6. 材料的使用　　　　　　　　　　　　　　1 2 3 4 5 不适用

强化物

1. 强化物的整理　　　　　　　　　　　　　1 2 3 4 5 不适用
2. 强化物的状态　　　　　　　　　　　　　1 2 3 4 5 不适用
3. 强化物的适龄性　　　　　　　　　　　　1 2 3 4 5 不适用
4. 强化物的多样性　　　　　　　　　　　　1 2 3 4 5 不适用
5. 强化物的质量　　　　　　　　　　　　　1 2 3 4 5 不适用
6. 强化物的使用　　　　　　　　　　　　　1 2 3 4 5 不适用

时间表

1. 有明确的时间表　　　　　　　　　　　1 2 3 4 5　不适用
2. 时间表的适配性 / 功能性　　　　　　　 1 2 3 4 5　不适用
3. 时间表的个别化　　　　　　　　　　　1 2 3 4 5　不适用
4. 活动的质量　　　　　　　　　　　　　1 2 3 4 5　不适用
5. 活动的平衡　　　　　　　　　　　　　1 2 3 4 5　不适用
6. 有充分的休息时间　　　　　　　　　　1 2 3 4 5　不适用
7. 时间表的执行　　　　　　　　　　　　1 2 3 4 5　不适用

教学课程

1. 有明确的课程　　　　　　　　　　　　1 2 3 4 5　不适用
2. 课程的适配性 / 功能性　　　　　　　　 1 2 3 4 5　不适用
3. 课程的个别化　　　　　　　　　　　　1 2 3 4 5　不适用
4. 课程的综合性　　　　　　　　　　　　1 2 3 4 5　不适用
5. 课程的实施　　　　　　　　　　　　　1 2 3 4 5　不适用

行为方案

1. 有明确的行为方案　　　　　　　　　　1 2 3 4 5　不适用
2. 行为方案的适配性 / 功能性　　　　　　 1 2 3 4 5　不适用
3. 行为方案的个别化　　　　　　　　　　1 2 3 4 5　不适用
4. 反应性要素合理 / 充分　　　　　　　　 1 2 3 4 5　不适用
5. 主动性要素合理 / 充分　　　　　　　　 1 2 3 4 5　不适用
6. 行为方案的应用　　　　　　　　　　　1 2 3 4 5　不适用

数据收集

1. 有明确的教学数据收集方案　　　　　　1 2 3 4 5　不适用
2. 有明确的行为数据收集方案　　　　　　1 2 3 4 5　不适用
3. 课程评估　　　　　　　　　　　　　　1 2 3 4 5　不适用
4. 行为 / 功能性评估　　　　　　　　　　 1 2 3 4 5　不适用
5. 数据收集系统的功能性　　　　　　　　1 2 3 4 5　不适用
6. 数据收集系统的可行性　　　　　　　　1 2 3 4 5　不适用
7. 数据收集系统的使用　　　　　　　　　1 2 3 4 5　不适用
8. 数据的汇编 / 分析 / 使用　　　　　　　　1 2 3 4 5　不适用

教学 / 方案实施

1. 捕捉可教学的时机　　　　　　　　　　1 2 3 4 5　不适用
2. 捕捉实施方案的机会　　　　　　　　　1 2 3 4 5　不适用

3. 教学 / 方案实施的系统性　　　　　　　　　　1 2 3 4 5 不适用

　　4. 活动辅助与正式教学的平衡　　　　　　　　　1 2 3 4 5 不适用

　　5. 嵌入式与隔离式教学 / 训练的平衡　　　　　　1 2 3 4 5 不适用

　　6. 个别化与集体教学 / 训练的平衡　　　　　　　1 2 3 4 5 不适用

　　7. 教学强度的平衡 / 节奏控制　　　　　　　　　1 2 3 4 5 不适用

融合 / 相互关联 / 相互影响

　　1. 学生之间　　　　　　　　　　　　　　　　　1 2 3 4 5 不适用

　　2. 学生与普通学生之间　　　　　　　　　　　　1 2 3 4 5 不适用

　　3. 学生的个别化课程与其他课程层次之间　　　　1 2 3 4 5 不适用

　　4. 不同学生的课程及行为方案之间　　　　　　　1 2 3 4 5 不适用

　　5. 学生的课程及行为方案与整个班级的课程和方案之间　1 2 3 4 5 不适用

　　6. 教室整体要素之间　　　　　　　　　　　　　1 2 3 4 5 不适用

与学生的互动方式

　　1. 和谐友好关系的建立　　　　　　　　　　　　1 2 3 4 5 不适用

　　2. 和谐友好关系的保持　　　　　　　　　　　　1 2 3 4 5 不适用

　　3. 适当采用有趣 / 积极的方式　　　　　　　　　1 2 3 4 5 不适用

　　4. 适龄的态度　　　　　　　　　　　　　　　　1 2 3 4 5 不适用

　　5. 尊重的态度　　　　　　　　　　　　　　　　1 2 3 4 5 不适用

员工

　　1. 员工对学生的关注程度　　　　　　　　　　　1 2 3 4 5 不适用

　　2. 员工与学生的接近程度　　　　　　　　　　　1 2 3 4 5 不适用

　　3. 员工的施教程度　　　　　　　　　　　　　　1 2 3 4 5 不适用

　　4. 员工的行为方案实施程度　　　　　　　　　　1 2 3 4 5 不适用

　　5. 员工的主动程度　　　　　　　　　　　　　　1 2 3 4 5 不适用

　　6. 员工的开放度 / 对反馈、培训的响应度　　　　1 2 3 4 5 不适用

　　7. 员工的技能及对 ABA 原则的遵守　　　　　　 1 2 3 4 5 不适用

　　8. 员工的目标感　　　　　　　　　　　　　　　1 2 3 4 5 不适用

　　9. 员工的风格特征　　　　　　　　　　　　　　1 2 3 4 5 不适用

　　10. 员工的态度　　　　　　　　　　　　　　　　1 2 3 4 5 不适用

团队

　　1. 凝聚力　　　　　　　　　　　　　　　　　　1 2 3 4 5 不适用

　　2. 协作性　　　　　　　　　　　　　　　　　　1 2 3 4 5 不适用

　　3. 一致性　　　　　　　　　　　　　　　　　　1 2 3 4 5 不适用

4. 责任分配　　　　　　　　　　1 2 3 4 5 不适用

5. 领导力　　　　　　　　　　　1 2 3 4 5 不适用

6. 会议　　　　　　　　　　　　1 2 3 4 5 不适用

7. 培训　　　　　　　　　　　　1 2 3 4 5 不适用

8. 督导 / 支持　　　　　　　　　1 2 3 4 5 不适用

说明及意见：

_____

_____

_____

_____

_____

_____

_____

_____

_____

学校 _____　　　年级/班级 _____　　　教师 _____

日期 _____　　　教学人员数 _____　　　学生人数 _____

教室检核表

按照以下标准，给所有项目的质量情况打分：

1 需要大量培训　　2 平均以下　　3 平均水平　　4 平均以上　　5 优秀

有准备 / 结构 / 组织

1. 准备的充分程度　　　　　　　　　　　　1 2 3 4 5 不适用
2. 整体的 / 深层的理念 / 定位　　　　　　　1 2 3 4 5 不适用
3. 数据 / 记录的整理　　　　　　　　　　　1 2 3 4 5 不适用
4. 教学主题 / 课时计划　　　　　　　　　　1 2 3 4 5 不适用
5. 站点 / 中心 / 科目 / 课时　　　　　　　　1 2 3 4 5 不适用
6. 学生的轮换流动　　　　　　　　　　　　1 2 3 4 5 不适用
7. 教学人员的轮换和分工　　　　　　　　　1 2 3 4 5 不适用
8. 适当引入辅助人员　　　　　　　　　　　1 2 3 4 5 不适用

教室设置和教室环境

1. 班级设计和设置的功能性　　　　　　　　1 2 3 4 5 不适用
2. 班级设计、设置及环境的吸引力　　　　　1 2 3 4 5 不适用
3. 教室环境的适龄性　　　　　　　　　　　1 2 3 4 5 不适用
4. 教室环境的主题性　　　　　　　　　　　1 2 3 4 5 不适用
5. 学生作品展示　　　　　　　　　　　　　1 2 3 4 5 不适用

刺激 / 课程材料

1. 材料的整理　　　　　　　　　　　　　　1 2 3 4 5 不适用
2. 材料的状态 / 清洁度　　　　　　　　　　1 2 3 4 5 不适用
3. 材料的适龄性　　　　　　　　　　　　　1 2 3 4 5 不适用
4. 材料的实用性 / 功能性　　　　　　　　　1 2 3 4 5 不适用
5. 材料的吸引力　　　　　　　　　　　　　1 2 3 4 5 不适用
6. 材料的使用　　　　　　　　　　　　　　1 2 3 4 5 不适用

强化物

1. 强化物的整理　　　　　　　　　　　　　1 2 3 4 5 不适用

2. 强化物的状态　　　　　　　　　　　1 2 3 4 5　不适用

3. 强化物的适龄性　　　　　　　　　　1 2 3 4 5　不适用

4. 强化物的多样性　　　　　　　　　　1 2 3 4 5　不适用

5. 强化物的质量　　　　　　　　　　　1 2 3 4 5　不适用

6. 强化物的使用　　　　　　　　　　　1 2 3 4 5　不适用

时间表

1. 有明确的时间表　　　　　　　　　　1 2 3 4 5　不适用

2. 时间表的适配性 / 功能性　　　　　　1 2 3 4 5　不适用

3. 时间表的个别化　　　　　　　　　　1 2 3 4 5　不适用

4. 活动的质量　　　　　　　　　　　　1 2 3 4 5　不适用

5. 活动的平衡　　　　　　　　　　　　1 2 3 4 5　不适用

6. 有充分的休息时间　　　　　　　　　1 2 3 4 5　不适用

7. 时间表的执行　　　　　　　　　　　1 2 3 4 5　不适用

教学课程

1. 有明确的课程　　　　　　　　　　　1 2 3 4 5　不适用

2. 课程的适配性 / 功能性　　　　　　　1 2 3 4 5　不适用

3. 课程的个别化　　　　　　　　　　　1 2 3 4 5　不适用

4. 课程的综合性　　　　　　　　　　　1 2 3 4 5　不适用

5. 课程的实施　　　　　　　　　　　　1 2 3 4 5　不适用

行为方案

1. 有明确的行为方案　　　　　　　　　1 2 3 4 5　不适用

2. 行为方案的适配性 / 功能性　　　　　1 2 3 4 5　不适用

3. 行为方案的个别化　　　　　　　　　1 2 3 4 5　不适用

4. 反应性要素合理 / 充分　　　　　　　1 2 3 4 5　不适用

5. 主动性要素合理 / 充分　　　　　　　1 2 3 4 5　不适用

6. 行为方案的应用　　　　　　　　　　1 2 3 4 5　不适用

IEP（个别化教育计划）

1. 清晰明确　　　　　　　　　　　　　1 2 3 4 5　不适用

2. 功能性　　　　　　　　　　　　　　1 2 3 4 5　不适用

3. 可用性　　　　　　　　　　　　　　1 2 3 4 5　不适用

4. 与课程及行为方案的关系　　　　　　1 2 3 4 5　不适用

5. IEP 的执行　　　　　　　　　　　　 1 2 3 4 5　不适用

数据收集

 1. 有明确的教学数据收集方案   1 2 3 4 5 不适用

 2. 有明确的行为数据收集方案   1 2 3 4 5 不适用

 3. 课程评估   1 2 3 4 5 不适用

 4. 行为 / 功能性评估   1 2 3 4 5 不适用

 5. 视频的使用   1 2 3 4 5 不适用

 6. 数据收集系统的功能性   1 2 3 4 5 不适用

 7. 数据收集系统的可行性   1 2 3 4 5 不适用

 8. 数据收集系统的使用   1 2 3 4 5 不适用

 9. 数据的汇编 / 分析 / 使用   1 2 3 4 5 不适用

教学 / 方案实施

 1. 捕捉可教学时机   1 2 3 4 5 不适用

 2. 捕捉实施方案的机会   1 2 3 4 5 不适用

 3. 教学 / 方案实施的系统性   1 2 3 4 5 不适用

 4. 活动辅助与正式教学的平衡   1 2 3 4 5 不适用

 5. 嵌入式与隔离式教学 / 训练的平衡   1 2 3 4 5 不适用

 6. 个别化与集体教学 / 训练的平衡   1 2 3 4 5 不适用

 7. 有引导的自然发生与直接干预的平衡   1 2 3 4 5 不适用

 8. 教学强度的平衡 / 节奏控制   1 2 3 4 5 不适用

融合 / 相互关联 / 相互影响

 1. 学生之间   1 2 3 4 5 不适用

 2. 学生与普通学生之间   1 2 3 4 5 不适用

 3. 学生个别化课程与其他课程层次之间   1 2 3 4 5 不适用

 4. 不同学生的课程及行为方案之间   1 2 3 4 5 不适用

 5. 学生的课程及行为方案与整个班级的课程和方案之间   1 2 3 4 5 不适用

 6. 学生的课程及行为方案与家庭项目之间   1 2 3 4 5 不适用

 7. 学生的课程及行为方案与其他服务之间   1 2 3 4 5 不适用

 8. 教室整体要素之间   1 2 3 4 5 不适用

 9. 教室与整个学校之间   1 2 3 4 5 不适用

与学生的互动方式

 1. 和谐友好关系的建立   1 2 3 4 5 不适用

 2. 和谐友好关系的保持   1 2 3 4 5 不适用

 3. 适当采用有趣 / 积极的方式   1 2 3 4 5 不适用

4. 适龄的态度　　　　　　　　　　　　　　　1 2 3 4 5 不适用

5. 尊重的态度　　　　　　　　　　　　　　　1 2 3 4 5 不适用

员工

1. 员工对学生的关注程度　　　　　　　　　　1 2 3 4 5 不适用

2. 员工与学生的接近程度　　　　　　　　　　1 2 3 4 5 不适用

3. 员工的施教程度　　　　　　　　　　　　　1 2 3 4 5 不适用

4. 员工的行为方案实施程度　　　　　　　　　1 2 3 4 5 不适用

5. 员工的主动程度　　　　　　　　　　　　　1 2 3 4 5 不适用

6. 员工的开放度 / 对反馈、培训的响应度　　　1 2 3 4 5 不适用

7. 员工的技能及对 ABA 原则的遵守　　　　　 1 2 3 4 5 不适用

8. 员工的目标感　　　　　　　　　　　　　　1 2 3 4 5 不适用

9. 员工的风格特征　　　　　　　　　　　　　1 2 3 4 5 不适用

10. 员工的态度　　　　　　　　　　　　　　 1 2 3 4 5 不适用

11. 员工的道德准则　　　　　　　　　　　　 1 2 3 4 5 不适用

12. 员工的职业精神　　　　　　　　　　　　 1 2 3 4 5 不适用

团队

1. 凝聚力　　　　　　　　　　　　　　　　　1 2 3 4 5 不适用

2. 协作性　　　　　　　　　　　　　　　　　1 2 3 4 5 不适用

3. 一致性　　　　　　　　　　　　　　　　　1 2 3 4 5 不适用

4. 责任分配　　　　　　　　　　　　　　　　1 2 3 4 5 不适用

5. 领导力　　　　　　　　　　　　　　　　　1 2 3 4 5 不适用

6. 会议　　　　　　　　　　　　　　　　　　1 2 3 4 5 不适用

7. 培训　　　　　　　　　　　　　　　　　　1 2 3 4 5 不适用

8. 督导 / 支持　　　　　　　　　　　　　　　1 2 3 4 5 不适用

家长 / 专业人士

1. 与其他专业人士 / 服务人员的联络　　　　　1 2 3 4 5 不适用

2. 家长会议　　　　　　　　　　　　　　　　1 2 3 4 5 不适用

3. 家长培训　　　　　　　　　　　　　　　　1 2 3 4 5 不适用

4. 家长的参观访问　　　　　　　　　　　　　1 2 3 4 5 不适用

5. 家长意见和建议　　　　　　　　　　　　　1 2 3 4 5 不适用

6. 家长参与　　　　　　　　　　　　　　　　1 2 3 4 5 不适用

7. 信息传播机制　　　　　　　　　　　　　　1 2 3 4 5 不适用

8. 问题解决机制　　　　　　　　　　　　　　1 2 3 4 5 不适用

9. 与其他专业人士/服务人员的关系质量　　　　1 2 3 4 5 不适用
10. 与家长的关系质量　　　　　　　　　　　　1 2 3 4 5 不适用

说明及意见：

附录C：回合尝试教学

一、简介

回合尝试教学是一种用来实现最大学习效果的特定的教学方法。它也是一种教学的过程，可用于发展包括认知、沟通、游戏、社交以及生活自理在内的绝大多数的技能。此外，它还是一种适用于所有年龄层次、所有功能水平和所有人群的教学策略。

回合尝试教学的技术包括：
1. 将技能分解成更小的部分
2. 每次教授一项子技能，直至掌握
3. 提供集中教学
4. 提供必要的辅助并逐渐撤出辅助
5. 使用强化程序

一节课可以包含多个回合，每个回合都有清晰的起点和终点。在逐步学习技能的过程中，只有在学生掌握了某一个部分之后，我们才会呈现新的信息。

在回合尝试教学中，我们只呈现很小单位的信息，并且要求学生即刻做出反应。这与持续尝试法或更为传统的教学法形成鲜明的对照——它们会一次呈现大量的信息，也不规定要求学生一方给出怎样的目标反应。

回合尝试教学可以保证学习过程的主动性。我们不能指望孤独症儿童只通过被动接触就能吸收掌握信息。

例：接受性命名的教学

前提（A）	行为（B）	后果（C）
"摸摸果汁"	摸果汁、专注	"很好"
"摸摸饼干"	摸饼干、专注	"真棒"
"摸摸果汁"	摸果汁、不专注	"好的"
"摸摸饼干"	摸果汁、专注	"啊哦"
"摸摸饼干"	无反应、不专注	无强化（学生必须理解这一后果的含义）
"摸摸饼干"	无反应、不专注	"你没有看这里""太慢了"，等等

二、回合的构成

指令 / 前提 / 区辨刺激（SD）

- 回合必须有一个清晰的开始。这个开始通常是一个口头指令，也可以是另一个离散事件或视觉刺激。这个事件应该给学生传递一个信号，即正确的反应将导致积极的强化。这样的信号在专业上被称为"区辨刺激"（SD）。
- 在教学的起始阶段或学生还难以完成某项技能时，指令应简单明了（比如"饼干""果汁"，而不是"请摸一下饼干"或"你能告诉我哪个是果汁吗"）。
  - 减少混淆
  - 突显相关刺激

> **随着学生的逐渐进步，指令应该变得更加复杂，用词也更多**
> § 使用更自然的语言以促进泛化
> § 为学生的随机学习打下更好的基础
> § 让教学更有趣味
> § 示范更加自然的语言

- 务必选择恰当的任务指令。仔细想好你希望学生做什么，然后选一个恰当的口令或其他提示，引导学生做出相应的反应。
- 比如，如果你想让学生数"1，2，3，4"，那么指令应该是"数一数"。如果你希望学生告诉你物体的数量，那么指令应该是"有多少"，学生的反应则是"4个"。
- 给学生3～5秒的反应时间，让他们有机会处理接收到的信息。
- 但老师也必须敏锐地感知学生最适合什么样的教学节奏。
  - 节奏太快可能导致混淆和混乱
  - 但刻意加快节奏也有助于学生保持注意力
  - 节奏太慢可能导致注意力涣散
  - 教学节奏应该逐渐接近自然环境下的状态（老师往往会为保持学生的注意力而加快节奏，因此最终还是需要回归正常速度）
- 最佳的学习效果出现在学生集中注意力的时候。如果学生总是容易分心，老师就必须想办法发展他们的注意技能。对此，下文会有进一步的讨论。

学生反应

- 提前明确你希望学生出现怎样的反应、反应达到怎样的质量水平，即确定赢取强化的标准。标准应始终一致。比如，对于"摸皮球"这一指令，要明确学生需要靠物体多近。这个标准对所有旁观者（包括学生！）都应该一目了然。
    - 提高员工之间的一致性
    - 提高正确反应的出现概率
    - 提高教师的客观性

    但这种标准也应该随学生表现的不断变化而调整。

- 注意无关的非期望行为。如果你强化的正确反应中伴随了这一类行为，那么你可能会同时强化这些行为。
    - 例1：学生回答得很好，但看向别处。如果你在那一刻给予表扬，那么未来学生可能会更经常地看向别处。
    - 例2：你表扬学生摸了球，但当你给他玩具强化的时候，他刚好离开椅子坐到地上。他可能会以为自己之所以得到强化物是因为坐到了地上。
- 对于自发的期望行为，比如注意力集中、安坐、自发言语等，一定要给予强化！
- 如果在时限之内（3～5秒）没有反应，就算该回合失败。
- 塑造行为：目标是逐渐提高反应的总体质量。方法是逐渐调整赢得强化所要达到的条件（在讨论后果的部分将进一步谈到差别强化）。
    - 使用有差别的后果，同时塑造正确的反应和恰当的专注行为。
    - 例：当学生的焦躁行为缓解而非加剧时，允许他们停下来休息。
    - 使用有差别的后果，强化更接近目标行为的表现。
- 不允许学生预测反应。如果你还没说完指令学生就开始做出反应，那么可能存在以下某种问题：
    - 你的做法老套、容易预见。如果是这样，之后你要变化口令的顺序，让学生找不到规律。
    - 学生可能在瞎猜。不要允许他们瞎猜，因为存在碰巧猜对的情况。在这样的情况下给予强化只会鼓励更多的猜测行为。
    - 学生可能没有集中注意力。不要允许学生在注意力不集中的时候做出反应。

- 自我纠正有时是一种可接受甚至可贵的反应。比如，如果学生比较专心，完全不需要老师提示就纠正了错误，你应该给予强化。因为这个过程实际上表现了一项非常重要的技能（解决问题）。但我们仍应在某个时间点再次尝试这个回合，确保学生能直接做出正确的反应，无需自我纠正。

反馈 / 后果

- 老师应该在学生做出反应后立即予以反馈。通过强化，学生得到的反馈是他们做了正确的反应，他们在今后重复这种反应的概率会更高。而纠正性反馈和无强化则让学生知道反应不正确，他们重复该反应的概率会降低。
    - **正确**：表扬并经常轮换使用不同的辅助性奖品。
      正确 + 专注 = 最高级别强化
      正确 + 不专注 = 轻度强化
    - **不正确**：提供信息反馈，让学生知道反应不正确。
      不正确 + 专注 = 支持性反馈（如"不错的尝试"）
      不正确 + 不专注 = 较强的纠正性反馈（如"不对""专心点""你要看这里""再好好试试""你可以做得更好"，等等）
    - **无反应**：如 5 秒后仍无反应，给予反馈并结束回合。如果学生专心学习，也好好坐着，未出现开小差行为，那么不予强化即可。但请务必安插一个回合间歇（见下文）。你可能需要暂时拿走教学材料，强调该回合已经结束。
    - **开小差行为**：如果学生出现不恰当行为（如离座、拉扯、自我刺激等），立刻给予反馈，纠正该行为并结束回合。不要等着看学生会有怎样的反应。
- 反馈的意思应该明确无疑。比如，不要嘴上说着"不对"却面带微笑、说"很好"的同时却皱着眉头。
- 行为后果应该提前计划并坚持同样的标准。但如果学生有出人意料的优秀行为或表现，老师可以临时增加强化。
- 强化物的选择必须基于学生的个人偏好（比如，并非所有学生都喜欢大量的表扬或食物）。必须持续监测强化物的有效性，必要时应做出调整。

- 强化物必须尽快开始撤出，在使用频率、延迟时间和强度等方面恢复到自然水平。一开始，我们可能会 100% 强化正确的反应（持续强化），但随着学习的推进，强化应逐渐降至间歇水平。
  - 减少依赖性
  - 减少外部控制从而促进内部控制
  - 接近学生在自然情境中的状态从而促进泛化
  - 避免可能的混乱（过多强化常常会加剧学生的破坏性行为或让他们感到无所适从）
- 使用有差别的后果。这样可以让学生更明白你所期待的反应是怎样的：
  - 优秀的反应，可获得最好的强化物
  - 质量不太高或需要更多提示的反应，获得中等强化
  - 反应不正确但专注，获得温和的信息反馈，如"不对""再试试"
  - 攻击行为或明目张胆的开小差行为，接受严厉的纠正性反馈
- 如果学生能够处理纯信息式的反馈，那就提供此种水平的反馈。比如："把手放下""你没有看这里""太慢了""好好说"，等等。这样做，可以：
  - 提供更多信息
  - 让反馈更加自然
  - 示范语言

回合间歇

- 用几秒钟的时间来区分各个回合。
  - 让学生有时间处理信息（即明白自己做了正确的反应或反应有待改变）
  - 让员工有时间处理刚刚发生的情况（比如，思考下一回合使用哪种强化、何时进行辅助、如何安排不同级别的辅助、下个回合发指令时如何措辞等）
  - 教学生学会等待，因为他们在比较自然的环境中也经常需要等待
  - 便于收集信息
  - 让下一回合的起始更加清晰
- 你可能需要移走刺激物或将刺激物收到不同的地方，让回合的区分更加明显。

如果在两个回合之间刺激物仍留在桌上，学生看到后可能会提前演练正确的反应，或不认真听指令就任意切换不同的反应。

暂时移走刺激物或看向别的地方有助于突显回合间的不连续性，但它也是对学生的一种提醒，让他们集中注意力，准备开始新的回合。因此，你也需要刻意地逐渐弱化这种不连续性，避免学生过于依赖它的提示作用。

> **调整回合间歇以保持最佳的教学节奏**
> § 节奏太快会显得凌乱，导致表现不佳，滋长焦躁情绪
> § 节奏太慢会让人分心走神
> § 确保由老师而非学生来主导教学的节奏

辅助

- 辅助是教师为促进正确反应而给出的帮助。
    - 加快学习进程
    - 减少挫败
- 辅助应伴随或紧跟指令（SD），从而将指令和反应联系起来。
- 广泛考虑所有层级的辅助，包括视觉、位置、用手指指、整个身体、局部身体、言语、演示、通过匹配学习接受性内容、以接受性内容带表达性内容、刺激内提示、近因或延时等种种方式。可按介入程度从低到高的顺序排列辅助等级。教师在选择辅助方式时应考虑现实的需要，以保证学习顺利进行为标准，决不超出需要的程度。
    - 更便于辅助的消退
    - 减少对辅助的依赖
- 如果第一次辅助未起到作用，那么提高等级（即提高辅助的水平）。比如，从原来提示大致位置远近升级到用手指指出来。
    - 辅助的目的是提供必要的帮助来避免持续的失败。

一条常被提及的"法则"是，如果连续两次出现不正确反应，那么下一回合就应该使用辅助。但这一法则针对的是那些对两个部分进行区分以及学生对正在教授的概念已经有了基本理解的情况。

- 在第一次出现不正确反应后提供纠正性反馈，让学生可以从中吸取经验。这样，学生在第二回合就有可能做出正确反应。
  - 两次以上的不正确反应表明学生未能从纠正性反馈中吸取经验。屡试屡败可能会超出学生的耐受程度，缺少强化则可能导致消极行为的升级。

在决定是否使用辅助时必须灵活变通

§ 如果学生对正确答案一无所知，那么你可以在第一次错误反应之后，甚至在第一次尝试时就使用辅助。

§ 如果学生经过两次错误尝试似乎理解了任务要求，那么你可以再提供一次不给予辅助的尝试机会。

§ 如果你采用了"错误—错误—辅助—测试"的顺序，而测试结果仍为错误，那么你应该将顺序调整为"错误—辅助—辅助—测试"。如果测试结果依然错误，再调整为"辅助—辅助—辅助—测试"的顺序。

§ 无论何时，只要你需要帮助学生保持较高的成功水平，你都可以使用辅助。

- 如果某次尝试必须使用辅助，那么迅速开启下个回合的尝试，重复同一指令，但减少或不使用辅助。
  - 减少对辅助的依赖
  - 让学生有机会展示从上一回合学到的东西

如果学生刚开始学习某个技能或理解概念非常困难，那么，在接下来几个回合的尝试中继续提供相同级别的辅助对学生会很有帮助。

- 如果学生因为注意力不集中或开小差行为而出现错误反应，那么最好对不恰当行为施以后果，而不是给予辅助。在这种时候给予辅助只会强化学生的开小差行为，因为有了辅助，改正错误会变得更加容易。你应该对开小差行为给予纠正性反馈，然后再次尝试，但不予辅助。

- 未经辅助的正确尝试应该得到最高级别的强化（比如表扬，外加有形的后备强化物）。

- 辅助后的正确尝试应该获得级别较低的强化（比如"可以""对了""嗯"之类的轻度表扬）。但即便是有辅助的尝试，也多少要给一点强化，以便：
  - 提供反馈，让学生知道反应正确
  - 强化正确反应

- 避免失败模式

但如果学生在很长一段时间内都需要辅助，那么你应该偶尔在需要辅助的尝试回合中使用有形强化物，以便：

- 提高学生的积极性
- 减少学生的退缩心理和挫败感
- 让学生有机会体验更有吸引力的强化物

■ 对无意辅助保持高度敏感。不必要的辅助会导致学生无法掌握概念，因为：
  - 辅助没有逐渐撤除
  - 学生反应不稳定（比如，训练人员的无意辅助会让学生的表现看起来更好）
  - 学生更容易关注无关线索

无意辅助			
非言语	模式	反馈	其他
- 眼神 - 姿势 - 位置	- 密集尝试 - 反复交替 - 没有问到的东西	- 表情 - 正确时加快速度 - 不正确时放慢速度	- 口型默示答案 - 新物体 - 语调变化

■ 认真撤除辅助。通过使用介入性越来越小的辅助，你将逐渐提高学生的独立性和对概念的理解。

■ 撤除辅助的一个方法是有系统地延长指令与辅助之间的时间间隔。这样做让学生有机会在得到辅助之前主动做出反应。需要注意的是，如果发出指令2～3秒后还不给辅助，那么任何指令都可能会被遗忘。

■ 可能的话，尽量使用刺激内辅助（如位置、大小、颜色等）。刺激内辅助比较容易撤除，也比较容易引导学生将注意力集中于刺激本身而不是用手指指等非必要的提示。

建立注意

■ 当孩子的注意力比较集中时，一定要给予强化。务必在表扬时明确是什么行为让孩子赢得了强化物（比如，"你能看向这里，太棒了！""我喜欢你这么专心！"等）。

- 对很多学生来说，教他们集中注意力的最好办法，是不管他们的注意力集中与否，直接开始回合尝试，让他们体验不集中注意力的自然后果。但这种方法需要用到高激励性的强化物。
- 当面对的任务需要密切的视觉关注（比如，比较细致的非言语模仿、对精度更高的细节的匹配、链锁等）时，学生能更快学会注意自然线索。
- 教学生集中注意力的另一个办法，是在学生自发看向目标/暂停开小差行为时发出指令。你可以先等待 5 秒（作为辅助）再开始回合尝试，看学生能否自己调整过来。因为指令通常代表赢取强化的机会，所以发出指令本身就是一个次级强化物。为了发挥它的效力，一定要注意任务本身的激励性。否则，学生更愿意拖延，不开始尝试。此外，等待时间不宜超过 5 秒，否则学生就会有更多从事非期望行为的机会。
- 如果注意力不集中的情况严重到了妨碍学习的地步，并且以上措施均无效果，那就需要给出明确的辅助（比如"看着我"）了。如果学生听不懂你的语言表达，可以先教他们学习"看着我"。记住，这种辅助必须尽快开始撤除。

> **避免为了让学生集中注意力而滥用辅助**
>
> 使用"看着我""手停下""坐着别动"之类的指令，或叫学生的名字，很容易变成一种戒不掉的习惯。你应该主要靠强效的差别强化来吸引学生的注意力、激发他们的良好表现。这样可以降低学生对外部辅助的依赖，帮助发展内在的自我控制力。
>
> 比如，当学生自发看向老师的时候，说"哇，你看着老师，真棒！"

如何最大限度地实现进步

- 进行足够的回合尝试，让学习得以发生。
  - 上课时间应逐渐延长以增加学习的机会。
  - 但不要超出与学生发展年龄相适应的注意时长和课时长度。
  - 也不要过多尝试到让学生厌倦或挫败的程度。

> **课时太短存在的问题**
> § 减少学习机会
> § 打破学习动量
> § 不自然，影响泛化和在校融合
> § 中间短暂的休息时间可能不够有强化性

- 如果学生难以完成某些任务，注意安排任务的顺序，将有困难的任务穿插到比较容易的任务之间。
  - 比较容易的任务可以提高学生的积极性
  - 比较容易的任务可以是对完成困难任务的强化
  - 建立动量
- 最终以学生的成功结束教学。这样可以让学生更愿意回来继续学习。

但如果学生特别受挫，那最好还是马上结束教学。

你不必赢得每一场战役！

- 建立行为动量。通过一系列回合尝试建立起来的反应模式可以让随后的回合出现更多期望的反应。为了建立行为动量，我们可以缩短回合间歇，增加辅助，更快速地给出强化/反馈。然后，再以一个较大的强化结束一系列的回合尝试。建立行为动量的另一个方法是通过"加塞儿"的方式创建成功模式。
  - 为了让学生更好地听从指令，可以将若干回合的尝试内容切换成高概率反应。较高概率的反应包括更简单的任务、已经完全掌握的材料以及自带激励性的物品或活动。
  - 如果学生存在模仿言语或闭合方面的问题，那么可将目标反应嵌入与该问题无关的一系列言语尝试之中。

如果即将出现的反应是你无法控制的，那么，顺势插入一个与之相应的指令，形成学生听从了指令的实际效果（比如，当学生正要将积木拨弄到地上时，说"把积木放到地上"）。

- 在教区辨时，不要助长无心的机械反应或允许重复同一个刻板反应。如果学生未听指令就可以做出正确反应，那么你实际上没有教他任何东西。密集尝试（massed trial）就可能导致这样的问题。你可以采用扩展尝试（expanded trial）迫使学生将注意力集中到你的讲话内容上。也可以在目标项的尝试回合间插入干扰回合，并逐渐延长干扰回合的时长。
- 在整个训练中适当融入游戏的内容，实现干预和游戏的平衡。游戏的重要性在于它可以充实学生的空闲时间，减少自我刺激行为。游戏还有助于发展社交技能。最重要的是，游戏往往还能促进语言的发展。

要灵活，要有耐心；你不可能一天解决所有问题！学习是一个过程。语言、社交和游戏技能的发展通常都需要几个月甚至几年的长期干预。

当然，也不能让学生完全凭个人意愿做反应。成人必须积极设定界限并施行依联。
- 最大限度地突出积极反馈与纠正反馈的差异。
  - 不要将应答行为（受挫）与操作行为（操控）混为一谈。如果行为是应答性的，我们应该给予更多支持和帮助。但如果是操作性的，就要坚决予以纠正。
- 根据学生的行为和表现调整训练！训练是否向前推进要看学生在回合尝试中的反应。人们应该可以通过观察治疗师的训练（比如，指令的复杂程度、辅助程度、强化程序等）推测出学生当前的表现水平。
- 始终把长远目标放在心上。你所有工作的出发点都是为了让学生靠近这些长远目标。训练项目并非终点，而是通向终点的路径。
- 让教学自然而有趣！虽然教学需要系统化，一些学生对结构也有比较高的需求，但它也不宜过于刻板。教学应该尽可能自然地激发学生的动力、提高参与度并促进泛化。

让干预自然、有趣、可泛化

§ 语调热情

§ 变换环境

§ 变换指令（如："这是什么？""你看到了什么？""能给我讲讲这个东西吗？"）

§ 使用有趣的、学生偏好的以及有实用功能的材料

§ 不要持续训练学生已经掌握的内容，那样会让他们感到厌倦

§ 不要因为学生能积极配合而延长教学时间。那样做等于在惩罚他们的专注和良好表现。同样地，也不要因为学生焦躁不安而随意缩短训练时间。

- 保持较高的成功率。
  - 利用学生的偏好（即使具有自我刺激性质的物品也可以用作强化物）
  - 分散穿插任务
  - 使用多样化的、自然的强化物
  - 使用尽可能自然的语言
  - 使用涉及面广泛的课程（比如包括语言、游戏、社交、自理等不同方面）
  - 尽可能多地打破结构（比如，有时可离开椅子，在地板上学习）
- 在不干扰学生的前提下，尽可能示范自然的语言。
  - 更接近学生平时听到的自然语言
  - 示范更为恰当的语言
  - 提高吐字发音能力
  - 让学生接触、学习更多的新的语言

培养自发性

- 强化自发的差异化表达
- 逐渐撤除提示和辅助
- 训练沟通的表达性
- 将行为与自然发生的前事联系起来
- 在命名训练中，强调意见的表达而不是回答问题
- 使用沟通诱导；直接示范你所期待的语言，而不是问"你想要什么"
- 尽可能多使用观察学习、示范和集体教学（把一对一教学看作一种需要逐渐撤除的辅助！）
- 该放手时须放手，避免学生过于依赖你。
- 测试学生是否已经熟悉材料。如果学生已然熟悉了材料，那就快速过一遍，然后换上新材料。
- 在重复指令时，语调的抑扬变化有助于减轻学生的厌倦感，也可以给学生发出信号：老师清楚自己正在重复相同的问题。
- 尽量采用非指导性的方法。为期待行为的发生创造条件，在它们发生时给予强化，即采用斯金纳所说的"强化控制"，而不是"教学控制"。

作者简介

马琳·德里斯科尔（Marlene Driscoll）（*文学硕士、注册婚姻与家庭治疗师*）

马琳·德里斯科尔，注册婚姻与家庭治疗师，从事孤独症儿童家庭相关服务，目前担任孤独症伙伴（Autism Partnership）锡尔滩分部现场主管，负责临床督导、咨询、项目开发及干预师培训与发展工作。德里斯科尔女士于1992年开始与利夫博士和麦克伊钦博士共事，在专为发育障碍儿童家长提供培训的"行为治疗与学习中心"从事咨询工作，1996年取得洛约拉玛丽蒙特大学咨询专业硕士学位，在孤独症儿童应用行为分析和早期干预方面有丰富的经验，为全美乃至世界各地的家庭和学区提供咨询服务。

艾丽西亚·埃利斯（Alicia Ellis）（*教育学硕士、理学硕士*）

艾丽西亚·埃利斯，言语语言治疗师，有20多年特教从业经验，长期担任美国第六大学区的特教管理员。艾丽西亚女士持有内华达拉斯维加斯大学教育学硕士学位、圣何塞州立大学言语病理学理学硕士学位，并曾在这两所大学任兼职教授，给本科生和研究生教授语言障碍相关课程。她经常受邀去美国各地及其他国家参加孤独症及语言障碍领域的会议；作为特教管理员，她不知疲倦地给教师和言语病理学家制定有效的孤独症学生教育规划提供支持。艾丽西亚女士于2002年去世。

克雷格·肯尼迪（Craig Kennedy）（*博士*）

克雷格·肯尼迪，特殊教育系主任、特殊教育及儿科学教授、范德堡大学肯尼迪中心行为分析诊疗部主任，专注于从环境、基因、神经生物学等方面研究发育障碍人士行为问题产生的原因。他是认证行为分析师，行为实验分析协会董事会成员，美国智力落后协会、行为分析协会、美国神经精神药理学学院、神经科学协会以及重度残疾人协会（TASH）会员，曾任《应用行为分析杂志》《行为教育杂志》及《重度残疾人协会杂志》副主编。

罗恩·利夫（Ron Leaf）（博士）

罗恩·利夫，执业心理学家，在孤独症谱系障碍领域工作 35 年以上。利夫博士在加州大学洛杉矶分校本科在读时便加入伊瓦尔·洛瓦斯（Ivar Lovaas）的团队，开始了他的职业生涯。随后，他在洛瓦斯博士的指导下获得博士学位。在加州大学洛杉矶分校期间，他曾担任临床督导、心理学研究员、孤独症项目临时主管及讲师等一系列职务。他广泛参与多项调研，为《我的书》撰稿，也是该书配套教学录影带的合著者之一。利夫博士曾为众多家庭、学校、全美乃至全世界的全日制及寄宿制康复机构提供咨询服务，也是心理健康机构"行为治疗与学习中心"的执行董事，该机构为家长、照护人和学校工作人员提供咨询服务。利夫博士还是孤独症伙伴（Autism Partnership）的联合董事，《孤独症儿童行为管理策略及行为治疗课程》一书的作者之一。

约翰·麦克伊钦（John McEachin）（博士）

约翰·麦克伊钦，临床心理学家，从事孤独症儿童及各类发育障碍青少年、成人的行为干预工作 30 余年。他在加州大学洛杉矶分校读研究生期间师从伊瓦尔·洛瓦斯博士，在其"幼儿孤独症项目"中接受训练。在加州大学洛杉矶分校的 11 年里，麦克伊钦博士担任了临床督导、研究与教学助理、客座教授、代理院长等多项职务。他对接受密集行为治疗的孤独症儿童进行过长期的追踪研究，并于 1993 年出版了研究报告。1994 年，他与罗恩·利夫共同创立孤独症伙伴（Autism Partnership），成为联合董事之一，两人还合著了《孤独症儿童行为管理策略及行为治疗课程》这本被广泛使用的治疗手册。麦克伊钦博士在世界各地演讲，在北美、澳大利亚、亚洲及欧洲各地帮助建立针对孤独症儿童的治疗中心和教室。

马杜比（Toby Mountjoy）

马杜比是孤独症伙伴（Autism Partnership）的副董事，负责监管 AP 在中国香港、新加坡和东京分部 100 多名全职员工的工作。他在孤独症领域有着 12 年的多样化从业经验。他既从事直接治疗、家长培训，也负责督导亚洲各分部的家庭及门诊 ABA 项目。马杜比先生还在新加坡和中国香港开办了践行 ABA 的幼儿园并负责监管工作。

2007年1月，他开办了香港首家正式注册的孤独症儿童小学，该校招生容量为64人。此外，马杜比先生还给在菲律宾、哥伦比亚、印度尼西亚、马来西亚、美国、越南及中国大陆等地的机构、学区和家庭提供定期的咨询服务。

利蒂西娅·帕洛斯 – 拉富斯（Leticia Palos-Rafuse）（理学硕士）

利蒂西娅·帕洛斯 – 拉富斯，1996年获洛杉矶洛约拉玛丽蒙特大学心理学学士学位，2005年获明尼苏达圣克劳德州立大学行为分析硕士学位。1996年起入职孤独症伙伴（Autism Partnership），11年来一直从事孤独症儿童应用行为分析密集训练工作。她多次出席应用行为分析领域的大会，为全美及世界范围内的学区、家庭及相关机构提供咨询服务。利蒂西娅曾与同事一起在一所小学的示范教室给孤独症伙伴（Autism Partnership）的员工提供持续辅导和培训服务，随后在毛伊学区长期从事学前示范教室的教学与现场管理以及区内员工的培训工作。目前，帕洛斯 – 拉富斯女士负责给不同家庭与学区提供咨询与培训服务。

特雷瑟·帕克（Tracee Parker）（博士）

特雷瑟·帕克，1990年取得加州大学洛杉矶分校心理学博士学位，有着25年以上孤独症及发育障碍领域治疗、研究经验。曾在加州大学洛杉矶分校伊瓦尔·洛瓦斯博士领导的"幼儿孤独症项目"中受过5年训练，担任教学及研究助理并负责临床督导工作。作为研究助理，帕克博士深度参与了一系列研究，包括孤独症儿童的长期治疗追踪以及他们在治疗期间自我刺激行为的变化情况。帕克博士在"直接对话"诊疗中心工作了12年，在这家以发育障碍成人为对象、兼有寄宿制和全日制服务的机构担任副主管直到1997年。帕克博士是现任孤独症伙伴（Autism Partnership）的临床导师，也是"行为治疗与学习中心"副主管。她经常参加美国及其他国家与行为治疗、孤独症、社交/性问题及干预相关的会议。过去20年来，她给众多治疗中心、学区、家庭及相关机构提供了咨询服务。

乔恩·拉富斯（Jon Rafuse）（文学硕士）

乔恩·拉富斯1988年毕业于加州大学洛杉矶分校并获得心理学学士学位，随后进入安蒂奥克大学攻读硕士，1991年获临床心理学硕士学位，1992年入职马萨诸塞州查塔姆的五月研究所（May Institute）（这是一所践行ABA、以孤独症及其他发育障碍个体为对象的非营利教育康复机构），后负责管理该机构一所专门安置重度孤独症学生的校外康复之家，1995 年加入孤独症伙伴（Autism Partnership），为孤独症儿童家庭提供 ABA 的密集训练服务。他在行为心理学这一特定领域积累了 15 年的工作经验。拉富斯目前从事咨询工作，为美国各地不同学区的特教服务商和教师提供高级培训、辅导和监督服务。他参加过全美及全世界不同地区的应用行为分析大会，为美国、英国、沙特阿拉伯、澳大利亚和新西兰的家庭、机构和学区提供咨询及培训服务。

里克·施罗德（Rick Schroder）

里克·施罗德 1995 年起成为孤独症伙伴（Autism Partnership）的员工，在孤独症儿童应用行为分析密集训练方面有着 10 年的工作经验。他曾在加州大学洛杉矶分校伊瓦尔·洛瓦斯博士指导下的孤独症项目中担任治疗师和高级治疗师之职。他持有加州大学洛杉矶分校心理学学士学位，目前负责给美国家庭和学区提供咨询与培训服务。此外，他还在一所中学的示范教室担任特教教师，也多次参加与孤独症学生治疗和教育相关的国际大会。

珍妮弗·斯泰曾斯（Jennifer Styzens）（理学硕士）

珍妮弗·斯泰曾斯，圣克劳德州立大学硕士，在发育障碍及孤独症领域有着 20 多年的工作经验。她曾在给发育障碍成人提供全日制及寄宿制诊疗服务的机构"直接对话"担任客服主管，也曾在专门给发育障碍儿童家长提供培训的"行为治疗与学习中心"从事家长培训工作，后于 1997 年入职孤独症伙伴（Autism Partnership）。她曾多次出席行为治疗、孤独症、社交/性问题及干预领域的国内和国际大会。过去 20 年来，她一直从事全日制及寄宿制诊疗机构、学区、家庭和其他相关机构的服务工作，也是某所中学示范教室的特教老师。

米切尔·陶布曼（Mitchell Taubman）（博士）

米切尔·陶布曼，20 世纪 70 年代初在加州大学洛杉矶分校本科就读期间开始与伊瓦尔·洛瓦斯博士一起工作，为孤独症、ADHD 和其他障碍儿童提供治疗服务。随后，他进入堪萨斯大学，师从应用行为分析创始人唐纳德·贝尔（Donald Baer）、托德·莱斯利（Todd Risely）、詹姆斯·舍曼（James Sherman）及其博导蒙特罗斯·沃尔夫（Montrose Wolf）。博士毕业后，他重返加州大学洛杉矶分校开展博士后研究工作，将堪萨斯大学的"互动教学"模式用于孤独症治疗，兼任心理学副教授，并与洛瓦斯博士共同担任某项孤独症治疗专用联邦拨款的首席调查员。在结束此项博士后工作后，他取得临床心理学家执照，并在直接对话项目（为孤独症及其他发育障碍成人提供全日制及寄宿制诊疗服务）担任临床主管。陶布曼博士目前是孤独症伙伴（Autism Partnership）副董事，在美国国内及世界各地提供治疗监督、培训及咨询服务。

安德烈亚·瓦克斯（Andrea Waks）（法律博士）

安德烈亚·瓦克斯，孤独症伙伴（Autism Partnership）客服主管，二十世纪70年代末加入加州大学洛杉矶分校"孤独症青少年项目"，任高级治疗师、研究助理和教学助理，此后一直从事与孤独症儿童相关的工作。无论是在"幼儿孤独症项目""行为治疗与学习中心"，还是在直接对话项目和孤独症伙伴，安德烈亚始终保持着与利夫博士及麦克伊钦博士的合作共事。她于1983年获得佩珀代因大学普通心理学硕士学位，又于1993年回校攻读法学学位。在回孤独症伙伴担任全职工作之前，她曾从事特殊教育法的律师工作，为孤独症儿童家庭提供法律服务。目前，她的工作职责包括开展行为评估、个别化教育计划（IEP）准备、政策分析及教室咨询。她为本地及全国各地的家庭和学区提供咨询服务。

塔米·怀特（Tammy White）（教育学硕士）

塔米·怀特，内华达拉斯维加斯大学教育学硕士，20年以上的特殊教育教学经验。怀特女士也是内华达拉斯维加斯大学特殊教育系兼任教授。近10年来，她致力于与学校和学区合作，开发并完善有效的孤独症学生教育项目。她多次出席与孤独症学生教育规划、残障学生融合教育规划、情绪障碍学生积极行为支持等相关主题的全国性大会。目前，她是孤独症伙伴（Autism Partnership）的行为咨询师，在一间孤独症培训教室担任教学工作，为指导老师和教学员工提供实操培训，同时，她也为本地及全国各地的家庭与学区提供咨询服务。

Copyright©2022 Autism Partnership. All rights reserved.

©华夏出版社有限公司　未经许可，不得以任何方式使用本书全部及任何部分内容，违者必究。

北京市版权局著作权合同登记号：图字01-2022-2734号

图书在版编目（CIP）数据

孤独症学生融合学校环境创设与教学规划/ (美)罗恩·利夫 (Ron Leaf)，(美)米切尔·陶布曼(Mitchell Taubman)，(美)约翰·麦克伊钦(John McEachin) 著；张雪琴译. -- 北京：华夏出版社有限公司, 2024.1

书名原文: It's Time for School: Building Quality ABA Educational Programs for Students with Autism Spectrum Disorders

ISBN 978-7-5222-0561-8

Ⅰ.①孤… Ⅱ.①罗… ②米… ③约… ④张… Ⅲ.①孤独症－儿童教育－特殊教育－学校环境－环境设计 ②孤独症－儿童教育－特殊教育－教学计划 Ⅳ.①G766

中国国家版本馆 CIP 数据核字(2023)第 179321 号

孤独症学生融合学校环境创设与教学规划

作　　者	[美]罗恩·利夫　[美]米切尔·陶布曼　[美]约翰·麦克伊钦
译　　者	张雪琴
责任编辑	许　婷　马佳琪
出版发行	华夏出版社有限公司
经　　销	新华书店
印　　装	三河市少明印务有限公司
版　　次	2024 年 1 月北京第 1 版　2024 年 1 月北京第 1 次印刷
开　　本	720×1030　1/16 开
印　　张	13.5
字　　数	300 千字
定　　价	68.00 元

华夏出版社有限公司　地址：北京市东直门外香河园北里 4 号　邮编：100028
网址：www.hxph.com.cn　电话：（010）64663331（转）
若发现本版图书有印装质量问题，请与我社营销中心联系调换。

N

系列丛书

书号	书名	作者	定价
	融合教育		
*9228	融合学校问题行为解决手册	[美]Beth Aune	30.00
*9318	融合教室问题行为解决手册		36.00
*9319	日常生活问题行为解决手册		39.00
*9210	资源教室建设方案与课程指导	王红霞	59.00
*9211	教学相长：特殊教育需要学生与教师的故事		39.00
*9212	巡回指导的理论与实践		49.00
9201	你会爱上这个孩子的！：在融合环境中教育孤独症学生（第2版）	[美]Paula Kluth	98.00
*0013	融合教育学校教学与管理	彭霞光、杨希洁、冯雅静	49.00
0542	融合教育中自闭症学生常见问题与对策	"基础教育阶段自闭症学生支持服务体系建设"项目	49.00
9329	融合教育教材教法	吴淑美	59.00
9330	融合教育理论与实践		69.00
9497	孤独症谱系障碍学生课程融合（第2版）	[美]Gary Mesibov	59.00
8338	靠近另类学生：关系驱动型课堂实践	[美]Michael Marlow 等	36.00
*7809	特殊儿童随班就读师资培训用书	华国栋	49.00
8957	给他鲸鱼就好：巧用孤独症学生的兴趣和特长	[美]Paula Kluth	30.00
*0348	学校影子老师简明手册	[新加坡]廖越明 等	39.00
*8548	融合教育背景下特殊教育教师专业化培养	孙颖	88.00
*0078	遇见特殊需要学生：每位教师都应该知道的事		49.00
	生活技能		
*0130	孤独症和相关障碍儿童如厕训练指南（第2版）	[美]Maria Wheeler	49.00
*9463	发展性障碍儿童性教育教案集/配套练习册	[美]Glenn S. Quint 等	71.00
*9464	身体功能障碍儿童性教育教案集/配套练习册		103.00
*0512	孤独症谱系障碍儿童睡眠问题实用指南	[美]Terry Katz 等	59.00
*8987	特殊儿童安全技能发展指南	[美]Freda Briggs	42.00
*8743	智能障碍儿童性教育指南		68.00
*0206	迎接我的青春期：发育障碍男孩成长手册	[美]Terri Couwenhoven	29.00
*0205	迎接我的青春期：发育障碍女孩成长手册		29.00
*0363	孤独症谱系障碍儿童独立自主行为养成手册（第2版）	[美]Lynn E.McClannahan 等	49.00
	转衔|职场		
*0462	孤独症谱系障碍者未来安置探寻	肖扬	69.00
*0296	长大成人：孤独症谱系人士转衔指南	[加]Katharina Manassis	59.00
*0528	走进职场：阿斯伯格综合征人士求职和就业指南	[美]Gail Hawkins	69.00
*0299	职场潜规则：孤独症及相关障碍人士职场社交指南	[美]Brenda Smith Myles 等	49.00
*0301	我也可以工作！青少年自信沟通手册	[美]Kirt Manecke	39.00
*0380	了解你，理解我：阿斯伯格青少年和成人社会生活实用指南	[美]Nancy J. Patrick	59.00

		社交技能	
*9500	社交故事新编(十五周年增订纪念版)	[美]Carol Gray	59.00
*0151	相处的密码：写给孤独症孩子的家长、老师和医生的社交故事		28.00
*9941	社交行为和自我管理：给青少年和成人的5级量表	[美]Kari Dunn Buron 等	36.00
*9943	不要！不要！不要超过5！：青少年社行为指南		28.00
*9942	神奇的5级量表：提高孩子的社交情绪能力（第2版）		48.00
*9944	焦虑，变小！变小！（第2版）		36.00
*9537	用火车学对话：提高对话技能的视觉策略	[美] Joel Shaul	36.00
*9538	用颜色学沟通：找到共同话题的视觉策略		42.00
*9539	用电脑学社交：提高社交技能的视觉策略		39.00
*0176	图说社交技能（儿童版）	[美]Jed E.Baker	88.00
*0175	图说社交技能（青少年及成人版）		88.00
*0204	社交技能培训实用手册：70节沟通和情绪管理训练课		68.00
*0150	看图学社交：帮助有社交问题的儿童掌握社交技能	徐磊 等	88.00
		与星同行	
*0428	我很特别，这其实很酷！	[英]Luke Jackson	39.00
*0302	孤独的高跟鞋：PUA、厌食症、孤独症和我	[美]Jennifer O'Toole	49.90
*0408	我心看世界（第5版）	[美]Temple Grandin 等	59.00
*7741	用图像思考：与孤独症共生		39.00
*9800	社交潜规则（第2版）：以孤独症视角解读社交奥秘		68.00
8573	孤独症大脑：对孤独症谱系的思考		39.00
*0109	红皮小怪：教会孩子管理愤怒情绪	[英]K.I.Al-Ghani 等	36.00
*0108	恐慌巨龙：教会孩子管理焦虑情绪		42.00
*0110	失望魔龙：教会孩子管理失望情绪		48.00
*9481	喵星人都有阿斯伯格综合征	[澳]Kathy Hoopmann	38.00
*9478	汪星人都有多动症		38.00
*9479	喳星人都有焦虑症		38.00
9002	我的孤独症朋友	[美]Beverly Bishop 等	30.00
*9000	多多的鲸鱼	[美]Paula Kluth 等	30.00
*9001	不一样也没关系	[美]Clay Morton 等	30.00
*9003	本色王子	[德]Silke Schnee 等	32.00
9004	看！我的条纹：爱上全部的自己	[美]Shaina Rudolph 等	36.00
*8514	男孩肖恩：走出孤独症	[美]Judy Barron 等	45.00
8297	虚构的孤独者：孤独症其人其事	[美]Douglas Biklen	49.00
9227	让我听见你的声音：一个家庭战胜孤独症的故事	[美]Catherine Maurice	39.00
8762	养育星儿四十年	[美]蔡张美铃、蔡逸周	36.00
*8512	蜗牛不放弃：中国孤独症群落生活故事	张雁	28.00
*9762	穿越孤独拥抱你		49.00

华夏特教

书号	书名	作者	定价
	孤独症入门		
*0137	孤独症谱系障碍：家长及专业人员指南	[英]Lorna Wing	59.00
*9879	阿斯伯格综合征完全指南	[英]Tony Attwood	78.00
*9081	孤独症和相关沟通障碍儿童治疗与教育	[美]Gary B. Mesibov	49.00
*0157	影子老师实战指南	[日]吉野智富美	49.00
*0014	早期密集训练实战图解	[日]藤坂龙司 等	49.00
*0116	成人安置机构ABA实战指南	[日]村本净司	49.00
*0510	家庭干预实战指南	[日]上村裕章 等	49.00
*0119	孤独症育儿百科：1001个教学养育妙招（第2版）	[美]Ellen Notbohm	88.00
*0107	孤独症孩子希望你知道的十件事（第3版）		49.00
*9202	应用行为分析入门手册（第2版）	[美]Albert J. Kearney	39.00
*0356	应用行为分析和儿童行为管理（第2版）	郭延庆	88.00
	教养宝典		
*0149	孤独症儿童关键反应教学法（CPRT）	[美]Aubyn C. Stahmer 等	59.80
*0461	孤独症儿童早期干预准备行为训练指导	朱璟、邓晓蕾等	49.00
9991	做看听说（第2版）：孤独症谱系障碍人士社交和沟通能力	[美]Kathleen Ann Quill 等	98.00
*0511	孤独症谱系障碍儿童关键反应训练掌中宝	[美]Robert Koegel 等	49.00
9852	孤独症儿童行为管理策略及行为治疗课程	[美]Ron Leaf 等	68.00
*0468	孤独症人士社交技能评估与训练课程	[美]Mitchell Taubman 等	68.00
*9496	地板时光：如何帮助孤独症及相关障碍儿童沟通与思考	[美]Stanley I. Greensp 等	68.00
*9348	特殊需要儿童的地板时光：如何促进儿童的智力和情绪发展		69.00
*9964	语言行为方法：如何教育孤独症及相关障碍儿童	[美]Mary Barbera 等	49.00
*0419	逆风起航：新手家长养育指南	[美]Mary Barbera	78.00
9678	解决问题行为的视觉策略	[美]Linda A. Hodgdon	68.00
9681	促进沟通技能的视觉策略		59.00
*8607	孤独症儿童早期干预丹佛模式（ESDM）	[美]Sally J.Rogers 等	78.00
*9489	孤独症儿童的行为教学	刘昊	49.00
*8958	孤独症儿童游戏与想象力（第2版）	[美]Pamela Wolfberg	59.00
*0293	孤独症儿童同伴游戏干预指南：以整合性游戏团体模式促进		88.00
9324	功能性行为评估及干预实用手册（第3版）	[美]Robert E. O'Neill 等	49.00
*0170	孤独症谱系障碍儿童视频示范实用指南	[美]Sarah Murray 等	49.00
*0177	孤独症谱系障碍儿童焦虑管理实用指南	[美]Christopher Lynch	49.00
8936	发育障碍儿童诊断与训练指导	[日]柚木馥、白崎研司	28.00
*0005	结构化教学的应用	于丹	69.00
*0402	孤独症及注意障碍人士执行功能提高手册	[美]Adel Najdowski	48.00
*0167	功能分析应用指南：从业人员培训指导手册	[美]James T. Chok 等	68.00
9203	行为导图：改善孤独症谱系或相关障碍人士行为的视觉支持	[美]Amy Buie 等	28.00

经典教材丨学术专著

编号	书名	作者	价格
*0488	应用行为分析（第3版）	[美]John O. Cooper 等	498.00
*0464	多重障碍学生教育	盛永进	69.00
9707	行为原理（第7版）	[美]Richard W. Malott 等	168.00
*0449	课程本位测量实践指南（第2版）	[美]Michelle K. Hosp 等	88.00
*9715	中国特殊教育发展报告（2014-2016）	杨希洁、冯雅静、彭霞光	59.00
*8202	特殊教育辞典（第3版）	朴永馨	59.00
0490	教育和社区环境中的单一被试设计	[美]Robert E.O'Neill 等	68.00
0127	教育研究中的单一被试设计	[美]Craig Kenndy	88.00
*8736	扩大和替代沟通（第4版）	[美]David R. Beukelman 等	168.00
9426	行为分析师执业伦理与规范（第3版）	[美]Jon S. Bailey 等	85.00
*8745	特殊儿童心理评估（第2版）	韦小满、蔡雅娟	58.00
0433	培智学校康复训练评估与教学	孙颖、陆莎、王善峰	88.00

新书预告

出版时间	书名	作者	估价
2023.12	特殊教育和融合教育中的评估	[美]John Salvia 等	148.00
2023.12	孤独症学生融合学校环境创设与教学规划	[美]Ron Leaf 等	88.00
2023.12	情绪四色区	[美]Leah Kuypers	69.00
2024.01	孤独症及相关障碍儿童社会情绪课程（初阶）	钟卜金、王德玉、黄丹	88.00
2024.01	融合教育实践指南：校长手册	[美]Julie Causton	58.00
2024.01	融合教育实践指南：教师手册	[美]Julie Causton	68.00
2024.01	融合教育实践指南：助理教师手册（第2版）		60.00
2024.01	孤独症儿童融合教育生态支持系统建设的理念与实践	王红霞	59.00
2024.06	特殊教育和行为科学中的单一被试设计	[美]David Gast	68.00
2024.07	沟通障碍导论（第7版）	[美]Robert E. Owens 等	198.00
2024.08	聪明却慢一拍的孩子	[美]Ellen Braaten 等	49.00
2024.08	聪明却冷漠的孩子		49.00
2024.09	孤独症儿童沟通能力早期培养	[美]Phil Christie 等	58.00
2024.09	孤独症儿童干预Jasper模式	[美]Connie Kasari	98.00
2024.09	融合幼儿园教师实践指南	[日]永富大铺	49.00
2024.10	优秀行为分析师的25项基本技能	[美]Jon S. Bailey 等	68.00

标*号书籍均有电子书

微信公众平台：HX_SEED（华夏特教）
微店客服：13121907126
天猫官网：hxcbs.tmall.com
意见、投稿：hx_seed@hxph.com.cn
联系地址：北京市东直门外香河园北里4号（100028）

关注我，看新书！